希望のディアスポラ

移民・難民をめぐる政治史

早尾貴紀
TAKANORI HAYAO

春秋社

希望のディアスポラ——移民・難民をめぐる政治史◆目次

第Ⅱ部　欧米・中東編

希望のディアスポラ——移民・難民をめぐる政治史

私たちが生きているこの世界は、一方では強烈な国家主義と国民主義によって囲われている。アメリカ合衆国が自国第一主義をあからさまに煽る大統領をいだき、ヨーロッパ諸国でもそれに同調し自国第一主義を強く主張する政治家や言論人や市民が目立って増えてきている。それぞれの国家の正規メンバーとされる「国民」だけが権利を享受すべきであるというわけだ。日本もまた例外ではないが、近年の元徴用工や元「慰安婦」への賠償をめぐって開き直るように大韓民国に対して攻撃的で侮蔑的な姿勢を露骨に示す日本政府や日本人の大きな流れを見ると、日本の国家主義・国民主義は危険な水域に達しているように感じられる。

他方でこの世界には、その国家から溢れ出した移民や難民が増えつづけている。すなわち、よりよい労働条件を求めて動く移民と、戦争や災害によって故郷で暮らすことができなくなった難民のことだが、こういった移民や難民に関するニュースは日常から絶えることがない。そして、移民と難民とに区分することのむずかしい移住者も多岐にわたっている。植民地支配に由来するいわゆるオールドカマー、過疎を背景とした国際結婚ビジネス、研修や実習やさらに留学を名目とした事実上の労働移住、そして密航や不法入国や非正規滞在。

以下の章で具体的に見ていくことになるが、人類が古代から移動につぐ移動を積み重ねてきたとはいえ、一九九〇年代のいわゆるグローバリゼーション以降のさまざまな流動性の高まりには、目をみはるものがある。おそらくは、国家主義・国民主義の強化と、さまざまな移住者の増加とは、一つの出来事の両面をなすものであり、増加に対する反動として、国民が移住者らに苛立ちを募らせたり不安をかき立てられたりしたことが、排外主義とあいまって自国第一主義をかかげることに繋がっているのではないだろうか。

　こうした移住者が増加する傾向は「ディアスポラの時代」と呼ばれることがある。「ディアスポラ」とは、ひとまずはある民族集団の国境を越えた「離散」、あるいはその「離散した民」を意味するものとされる。この言葉が、人文社会科学のなかで広く使われるようになったのは、英語圏では一九九〇年代以降のことであり、日本語圏ではその影響が浸透してきて二〇〇〇年代に入ってからのことである。ちなみに、『叢書グローバル・ディアスポラ』（全六巻、明石書店）は二〇〇九年からの刊行であり、『移民・ディアスポラ研究』（既刊は八冊、明石書店）も二〇一一年からの刊行である。かく言う筆者も、「ディアスポラ」用語の理解と普及に努めた一人であり、タイトルや副題に「ディアスポラ」を含む書物を二〇〇八年以降、研究仲間たちと五冊ほど刊行してきた。

　英語圏で一九九〇年代から「ディアスポラ」が広く使われるようになったのは、明らかに東西冷戦の終焉と、それに連なるグローバリゼーションのもとでのことであった。すなわち、資本主義陣営（西）と共産主義陣営（東）と、世界が二分され固定化された状態が、共産主義側の中心であったソヴィエト連邦および東欧諸国の共産党政権の崩壊によって終わりを告げ、世界が資本主義のもとで一元的になったこと。そこに、人・金・物・情報の流動性と移動スピードが世界全体で飛躍的に高まったことが加わって、「グローバリゼーション」と呼ばれる現象が生じたのであった。人の移動、すなわち、合法・不法を問わず移民労働者が増加したのだ。ちなみに日本においても、一九九〇年に事実上移民労働を認めた（いわゆる「日系人」に限定したものであったが）出入国管理法の改定があったことが特筆される。

さらに冷戦の崩壊は、それまで冷戦の名のもとに二次的なものとして封じられてきた各地の地域紛争の封印を解くことともなった。たとえば、旧社会主義政権によって連邦制がとられていたユーゴスラヴィアでは一九九一年以降、各共和国が分離独立を主張し内戦に突入、いくつか複合する戦線で二〇数万人という死者と四〇〇万人ともいわれる難民を生み出したとされるが、その全貌はいまだに把握されていない。また、アメリカ合衆国がかつて支援していたイラクのサッダーム・フセイン政権に対するアメリカ主導の多国籍軍による一九九一年の湾岸戦争、および二〇〇三年からのイラク戦争によって、合計七〇万人ともされる死者と四〇〇万人以上と推計される国内・隣国への難民が生み出された。さらに、米ソがともに一九七九年から介入し代理戦争が続いたアフガニスタンでは、二〇〇一年からやはりアメリカ主導の多国籍軍によるアフガニスタン戦争が引き起こされ、ピーク時で八〇〇万人とも推計される難民を国内外に発生させた。最も記憶に新しいであろう二〇一一年から現在まで続くシリア内戦は、アメリカとロシアと近隣諸国の介入に加え、「イスラーム国」勢力の台頭により、複雑な「国際的内戦」となった。長期化・大規模化した紛争の結果、五〇万人近い死者と、ピーク時で約五〇〇万人の国外難民、約八〇〇万人の国内避難民を生み出した（総人口二二〇〇万人の過半数だ！）。さらに数多くの地域紛争をリストに加えることができよう。

　こうしたポスト冷戦期のグローバリゼーションのもとでの移民・難民の新しい局面が、ディアスポラ概念の使用を広めることとなったと言えるだろう。それは、一般に経済目的での自主的な移動とされる「移民」と、戦争や災害のために不本意に移動を強いられる「難民」とを、同時に収めることのできるカテゴリーが求められたためであった。

*

　だが、じつのところ、ディアスポラの概念化には前史が存在する。これについては、筆者と共編・共訳をしてきたユダヤ文化史研究者の赤尾光春さんと何度か論じてきたことではあるが、ここで簡潔に整理し直しておこう。

「離散の民」を一般に指すようになる前、ディアスポラというのは、もっぱら「ユダヤ人の離散」を指す言葉であった。これはどの英語辞典でも日本語辞典でも確認できることだ。だが、そもそもこの言葉は、ユダヤ教の概念でもなければヘブライ語でもない。ギリシャ語なのである。これは紀元前の古代ギリシャの時代に、ギリシャ人が地中海および黒海の沿岸の各地に離散して植民都市を形成していたことを指す言葉であった。「ディア」＝「あちこちに」、「スポラ」＝「種子がまかれている（散らばっている）」という意味だ。

他方で、古代ユダヤ教徒たちは、度重なる捕囚と王国の滅亡というユダヤの民の苦難を、「神による罰」であると宗教的に解釈した。人間の傲慢さが神の怒りに触れ、国を滅ぼされた、したがって、神に赦されるかどうか、贖罪は神の意志のみによる、という考え方だ。これがいわゆる「終末論」である。つまり、ユダヤ教における民の離散は、たんに越境的に散らばっていることを意味するのではなく、第一には「神罰」なのであり、その形態は「亡国」なのである。これをヘブライ語で「ガルート」と呼んだ。このガルートがディアスポラに翻訳・変換された過程は、ヘブライ語聖書のギリシャ語への翻訳にあり、そこから「ユダヤ人＝ディアスポラの民」の呼称が生まれた。

だが、ギリシャ語聖書で即ユダヤ・ディアスポラ説が広まったわけではない。この時点では、ディアスポラは充てられた訳語であって、その意味合いはなお神罰＝亡国であった。この原義が抜け落ち、たんなる「離散」へと変換されたのは、まさにこの神罰＝亡国を終わらせる政治運動、すなわちユダヤ人国家を建国することで亡国状態を終わらせようという、いわゆるシオニズム運動が展開される、ヨーロッパ近代のなかでのことであった。

シオニズム運動というのは、ヨーロッパ各地に国民国家をつくろうという一九世紀の近代ナショナリズムの時代に、マジョリティのキリスト教徒から見た異教徒たるユダヤ人に対する迫害が強まり、そのあおりで「ユダヤ人も民族集団として独自の国家をもち国民になるべきだ」という思想から発生したものである。これは端的に世俗的なナショナリズムであって、宗教的な神罰とは無関係である。というのも、神罰が神罰であるかぎり、それを赦すのも神にほかならないからであり、王国の復活によって亡国状態が終わるのかどうかも、神の意志によるしかない、というのがユダヤ教の立場であるからだ。人為的な政治運動による国民国家の建設など、非宗教的であるどころか、神に対する冒瀆であり、反宗教的とさえ言えるものである。

　だからこそ、ここで翻訳のズレを利用した意味の変換がおこなわれたのであった。すなわち、ユダヤ人の亡国状態は、地理的な離散を意味する「ディアスポラ」なのだから、離散の民が結集して国家を建設すればディアスポラを終わらせることができるのだ、と。神罰としてのガルートであれば、神の赦しによってしか終わることがないが、地理的離散のディアスポラであれば、建国と結集によって終わらせることができる。したがって、ユダヤ人のディアスポラというのは、そもそも最初から「否定すべき状態」なのであり、それゆえユダヤ人国家を目指すシオニズムは「ディアスポラの否定」とも呼ばれたのであった。

　そうしてこのユダヤ・ナショナリズムによって、一九四八年にパレスチナの地にユダヤ人国家としてのイスラエルを手に入れることになったのだが、これで本当にディアスポラを終焉させることに成功したのかと言えば、話はそう単純ではない。というのも、あいかわらずユダヤ人は世界中に暮らしており、逆に、イスラエル国内には先住アラブ・パレスチナ人や非ユダヤ系移民が暮らしているからだ。これらの点については、今後の展開で詳論することにしよう。

＊

このように、ディアスポラ概念は、古代ギリシャ人の離散から始まり、ギリシャ語訳聖書での亡国のユダヤ人へ、シオニズムに否定される離散ユダヤ人へ、民族の離散一般へ、と転用されてきた。とりわけ、ディアスポラが、辞書の定義のように、そのままユダヤ人の離散を意味するかのような定冠詞付き大文字の the Diaspora から、世界中のさまざまな越境的存在を示す小文字複数形の diasporas へと転換したことが、現代世界のなかでもっとも大きな意味をもつただろう。ユダヤ人に独占された亡国離散のディアスポラから、普遍的な越境民としてのディアスポラへ。これは否定的な意味合いから、肯定的な意味合いへという転換なのだろうか。

たしかに、ここまで見てきたように、ユダヤ人のディアスポラはあらかじめシオニズム（ユダヤ・ナショナリズム）によって解消されるべき対象として設定されていたという点で否定的であったし、一九九〇年代以降のグローバリゼーションの時代に小文字複数形で語られるようになったディアスポラスは、従来の国境の枠を越えて移動の自由性が増したという点で肯定的でありうるだろう。その意味で「ディアスポラ」は希望たりうるのだろうか。

だが事はそう簡単にはわりきれない。というのも、グローバリゼーション時代の経済移民は、絶望的なまでの経済格差が生み出したという側面もあるだろうし、ポスト冷戦期に各地で勃発している紛争・戦争による大規模な難民（その背後には膨大な数の死者もいる）もまたディアスポラの時代を形成する主要素だからである。さらに言えば、ディアスポラの時代は、国境を低くしただろうか？　排外的ナショナリズムを弱めただろうか？　答えは明確に否である。それは、アメリカ合衆国トランプ政権が邁進している隣国メキシコとの国境での分離壁建設や、中東地域のムスリム（イスラーム教徒）の入国禁止措置にも象徴されているし、ヨーロッパやオーストラリアや日本でも吹き荒れている「ヘイト」つまり人種差別的憎悪にも見て取ることができるだろう。ここ数年では、シリア内戦（「内戦」と言うにはあまりにも外部勢力の介入と国際社会の無作為が甚だしい）にともなう難民の急増と、その一部のヨーロッパへの流入が、ヨーロッパ諸国に「難民ショック」をもたらし、難民のたらい回しや排斥運動が頻発したことも記憶に新しい。

　だが、日本でその実感がないのは、日本の場合はそのはるか手前でそもそも難民の受け入れをほぼ完全に拒絶しているからである。難民申請に対して難民認定を受けられた割合は、ゼロ・コンマ数パーセントで、その小数点第一位も四捨五入すれば事実上ゼロなのだ。世界三位とも言われる経済大国（長期停滞や構造不況や格差社会が言われようと、断固として世界の経済大国である）が、迫害を逃れて希望を託してきた難民に対してなんと冷酷で閉鎖的であることか。彼らに与える絶望は想像にあまりある。

　その難民拒絶といっしょに日本国内で進んでいるのは、韓国や中国への反発・嫌悪をバネとした内向きな自民族至上主義であり、それは一般的なナショナリズムとは異なり、無根拠な優越意識を剥き出しにした他国・他民族への攻撃性となって現れている。とくに、朝鮮半島の植民地支配期の元徴用工や元「慰安婦」をめぐる賠償問題をめぐって二〇一九年には、日本政府が韓国政府に対してあからさまな経済報復措置をとったり（日本企業による元徴用工に対する賠償を認める韓国の判決に対して日本政府が禁輸措置を発した）、韓国人アーティストによる「平和の少女像」（直接的には「慰安婦」ではない）などが出品された、愛知県で開催された美術展に対して、多くの政治家や市民が抗議・攻撃をして展示中止に追い込んだり、といったことが相次ぎ、世界から日本社会は異様な眼差しで見られ、不穏な印象を与えた。

　ディアスポラは、国境やナショナリズムを無効にするのではない。むしろその存在は、ナショナリストを警戒させ、身構えさせ、防衛的にかつ攻撃的にさえさせるのである。植民地時代に動員された朝鮮人たちももちろんディアスポラの民であったわけだが、現在迎えているディアスポラの時代もまた結局のところ、ボーダーレスな希望に満ち溢れているわけではなく、憎悪と絶望とが渦巻く時代となってしまっているのである。

　希望を語る前に、まずはこの絶望を見つめ直さなくてはならないだろう。したがって本書は、そのタイトル「希望のディアスポラ」に反して、絶望を語ることに費やされることが多くなるだろう。それは必然的にそうなるのだ。むしろ安易で無根拠な希望を語るほうが罪深いのではないか、とも思う。あたかもどんどん国境や国籍が無意味になっていくかのような未来を語ったり、リベラル派を自任する知識人が自分はナショナリズムとは無縁だと吹聴したりする。しかしそんな態度をとったところで、世界では国家が、国境が、人間を取り込んだり排除したりしている現状がある。その暴力性は、露骨に勢いを増して人間に恐怖を与えて国家に服従させたり、あるいは不可視化されないかたちでより複雑に人間を国家に搦め捕ったりしているのだ。

しかし、だからと言って、ただ絶望を語ろうというわけではない。希望は、絶望の先にある。いや絶望の先にしかありえないものだ。人びとは、国家と闘い、国境を強引に乗り越え、あるいは国境を巧みにくぐり抜け、ときに見棄てられ、殺されさえしてきた。レイシストら、排外主義者らに追われ、ときにヤツらと闘い、そして傷つけられ、それでも生き延びようと必死だった。英語に desperate という言葉がある。これは、「絶望的な」という意味と同時に「必死な」という意味をもつ。絶望的であることと必死であることとは通じているのだ。そして必死になるのは、絶望の淵からかすかな希望をつかむためにほかならない。本書では、いくつもの絶望を通して希《まれ》な望みを見出そうと思う。

*

本書は、二部構成で進められる。第Ⅰ部が日本・東アジア編であり、第Ⅱ部が欧米・中東編である。まずは自らの足下と、そして近隣から話を始めたほうが、世界規模での理解に着実に進めるのではないかと考えたからである。そして、第Ⅰ部、第Ⅱ部はそれぞれが各四章で構成される。

第1章では、そもそも「日本」という枠組み、「日本人」というアイデンティティがどのように成立し変化してきたのかを再考する。「日本（人）」は歴史的な生成物である以上は、過去から未来まで不変であるはずがなく、また変転する以上、不均質で多様なものであるはずだ。「明治維新一五〇年」や「建国記念の日」で鼓舞されるナショナリズムの語りから隠蔽・抹消されてきたものを露呈させ、その異質性ゆえに否定されたものを丁寧に描き直したい。

第2章では、日本を飛び出した人びとの系譜を辿る。明治元年とともに始まる開拓移民の行き先は、ハワイから北米、中南米、満州へと移っていった。日本の近代化とともに崩壊して貧困化していく農村の人びとと、他方で都市に溢れる労働者・失業者たちがいた。そして日本に絶望して脱出する人びとはこの二一世紀にも少なからず存在する。過去に、現在に、それでも希望を見出そうと日本を脱出した先で、はたして楽園を見つけられたのか。

第3章では、日本の植民地支配と、それがもたらしたポスト植民地主義的状況を考察する。明治政府が成立してからの海外膨張は、一八七〇年代の北海道と沖縄への侵攻・領有から始まる。その後、台湾を、朝鮮半島を植民地化し、「国土」化したが、第二次世界大戦の敗北でその両植民地は放棄した。だが、そこで問題は終わっていない。悪化する日韓関係、沖縄の基地問題などはこの植民地主義から続いている。これらの事象をポストコロニアリズム論の興隆から考える。

第4章では、日系人労働移住者や技能実習生や留学生という名の事実上の外国人労働者について考える。なおも労働市場を海外に開いていない日本には外国人労働者は存在しないことになっているが、いくつかの抜け道がある。それが「日系人」を移民ではなく帰還とみなして労働移住を認めた法改定と、労働ではなく技能実習という名目で、しかし実際には完全に低賃金労働者として農漁業や工場で雇用する制度だ。だがこの抜け道は、希望となっているのだろうか。

第5章では、欧米諸国の移民・難民の受け入れと排除について分析する。アメリカ合衆国が中南米からの移民・難民に対して排斥する姿勢を強めているが、もともとその国境地帯はメキシコの領土を収奪したものであったことや、アメリカ経済が不法移民を必要としていることなどが、根本的に忘れられている。また、イギリス、フランス、ドイツの移民政策や排外主義についても、それぞれの植民地支配とポスト植民地期の特異な状況が反映している。

第6章では、世俗的民主主義をタテマエとするヨーロッパ世界が、事実上はしかし、「キリスト教世界」であるという本音をもっているがゆえに、排外主義を発生させていることを考察する。広く環地中海世界を古代・中世から見れば、ユダヤ、キリスト、イスラームが混在する一つの文化圏であったし、ヨーロッパと中東とは分断などなく人も物も文化も移動して相互に交流しつづけてきた。それなのに、いかにして「ヨーロッパ＝キリスト教世界」対「中東＝イスラーム世界」という固定的かつ排他的な歴史観が捏造されてしまったのか。

第7章では、中東世界の混迷を、ヨーロッパの帝国主義的な介入と分割という起源から考える。そもそも中東の諸国家体制は、広大なオスマン帝国が第一次世界大戦で敗北し、イギリスやフランスなどによって分割され、恣意的に線引きされたことに端を発する。人造国家は独裁者を跋扈《ばっこ》させ、反乱を引き起こし、無数の屍と難民を生み出した。とりわけクルド問題とパレスチナ問題という、いずれも世界最大規模のディアスポラ集団について論じる。

第8章では、労働経済からパレスチナ／イスラエル問題を考察する。「ユダヤ人国家」を自任するイスラエルは、しかしその労働力をアラブ・パレスチナ人に頼ってきた歴史がある。ヨルダン川西岸地区とガザ地区とは、安価な出稼ぎ労働者の供給源であった。だが、二度の民衆蜂起（インティファーダ）は反パレスチナ感情を引き起こし、代わりに外国人労働者の導入に転換する。内部から崩壊する純ユダヤ人国家の理想と現実を見極める。

最後に終章では、第Ⅰ部と第Ⅱ部を通して触れることのできなかったジェンダーの観点からディアスポラを論じた。ナショナリズムとジェンダーに密接な連関があることは深く分析されてきた蓄積があるが、必然的にディアスポラとジェンダーが濃厚に絡み合っているとしたら、それは、移民や難民の状況にも関わっているのはもちろん、思想としてのディアスポラもまたそうである。

＊

近代国家の裏側には、つねにディアスポラたちの大小の闘いがあった。それは目に見える反乱であるだけでなく、密やかな越境という生き残りの闘いであったりもした。いやむしろ、移動が日常であったところに、後から政治的な線引き（国境画定）がなされたために、それが命がけの「越境」になってしまったケースもあろう。あるいは、先住民（その地の主人）であるはずなのに、線引きや入植によって、「マイノリティ」となり、「よそ者」にされてしまったケースもあろう。「よそ者」にされてしまったがゆえに、離散を強いられディアスポラの徒となったケースもあろう。そうしたディアスポラの存在を国家の異分子と見るのではなく、むしろディアスポラを視点の中心に据えて国家や国民を自明視する世界を逆照射してみたら、どのように見えるだろうか。ディアスポラは当たり前に見えている世界を異化する視点になりうる。そのときようやく、「絶望」のなかから「希望」が見出せるのかもしれない。

ハミッド・ダバシというイラン出身でアメリカ合衆国に在住している批評家がいる。イスラーム研究、イラン研究を基盤にしつつ、文化論、映画論、メディア論、アメリカの中東政策批判など、幅広い言論活動をしているが、アメリカ内部からの中東・イスラームの視点をもった批判的発言をする人物として注目されている。ダバシが留学で渡米するときイランでは、戦後にイギリス・ソ連から独立した国民戦線の政権がアメリカ、イギリスの介入によって打ち倒され、パフラヴィー朝の傀儡《かいらい》政権となっていた。渡米後にそれを打倒するイラン革命が起こり体制転換がさらに重なった。

このような背景をもつダバシがモットーとしているのが、「異郷にいながら《ノット・アット・ホーム》もくつろぐこと《アット・ホーム》」あるいは逆に「故郷にいながら《アット・ホーム》もくつろがないこと《ノット・アット・ホーム》」である。どういうことか。ダバシにとっては、第一にはイランが故郷であり、アメリカ合衆国が異郷であり、彼はそこを越境してきたいわゆる「亡命知識人」である（しかし、在米期間のほうがイランで過ごした時間よりずっと長くなり、アメリカが故郷に、イランが異郷に感じられる瞬間がないとも言えないだろう）。彼にとっての亡命《エグザイル》とは、たんなる根無し草ではなく、また一方の国家に帰属意識をもって他方の国家を憎んだり無視したりするのではなく、どちらの国家に対してもコミットしながら批判的距離を保つ、そういうあり方を指す。故郷にいてそこに完全に同化してしまうことも、異郷にいて一切溶け込まないことも、亡命知識人のとるべき態度ではない。「異郷にいながら《ノット・アット・ホーム》もくつろぐこと《アット・ホーム》」あるいは逆に「故郷にいながら《アット・ホーム》もくつろがないこと《ノット・アット・ホーム》」、この視点をもつことができたときに、私たちは私たちを閉じ込める国境を乗り越えることができる。ダバシがイランとアメリカを見つめる視点だ。ここで「亡命《エグザイル》」は、「ディアスポラ」と読み替えてもいいだろう。ディアスポラの視点から得られるものとは、こういうことではないだろうか。

ダバシはこの概念を、同志であり同僚（コロンビア大学）であったエドワード・サイードに触発されて用いている。サイードは、パレスチナのエルサレムの生まれで、一九四八年のイスラエル建国による直接的な難民ではないが、イスラエルの建国によって西エルサレムが占領され故郷を失っている。そして異郷たるアメリカ合衆国で学生以降の人生を過ごし、その生を終えることとなった。まさに自身が亡命知識人として、幾度も亡命知識人の果たす重要な役割を論じた。その代表作の一つである大著『亡命《エグザイル》についての省察』（日本語訳では『故国喪失についての省察』としている）に収録されている表題論考で、サイードはドイツのユダヤ系哲学者のテオドール・アドルノを引用している。「故郷＝家《アット・ホーム》でくつろがない《ノット・アット・ホーム》ことが倫理の一部なのである」と。アドルノもまた、ナチス政権時代にアメリカへと亡命しているときに、この言葉を記した。アドルノはナチスに故郷を追われたが、亡命先のアメリカ合衆国の産業化された消費文化に馴染むことができず、戦後にアメリカをも離れた。サイードはこのアドルノの弟子を自任し「ユダヤ系パレスチナ人」であると述べたことさえある。

　サイードは言う。「アドルノ流に、故郷＝家《ホーム》から一歩はなれて立つのは、亡命者《エグザイル》特有の超然とした態度でそれを眺めるためである。（…）亡命者は知っている。世俗の偶発世界では、故郷＝家《ホーム》は一時的なものであることを。境界や障壁は、馴れ親しんだ領域という安全圏にわたしたちを閉じ込めるものであったが、牢獄にもなりうるし、しばしば、理由や必然性などおかまいなしに、守りとおさねばならないものとなる。亡命者は境界を横断する。思考と経験との壁を壊す」

　パレスチナ人であるサイードは、ある時期まで意識的にユダヤ思想を連想させる「ディアスポラ」を避けてあえて「エグザイル」を用いていたが、晩年には、ユダヤ系哲学者アドルノの「弟子」としてか、「ディアスポラ」を用いるようになった。それゆえ、ここでの「亡命（者）」

はディアスポラと置き換え可能なものだ。そして実際、英語圏であれ日本語圏であれ、現在の人文社会科学の分野では、エグザイルよりもディアスポラのほうが定着している。したがって、本書においても、基本的に用語としては「ディアスポラ」で統一して用いることとする。すなわち、ディアスポラの思想というのは、つづめれば、「異郷にいながら《ノット・アット・ホーム》もくつろぐ《アット・ホーム》こと」あるいは「故郷にいながら《アット・ホーム》もくつろがない《ノット・アット・ホーム》こと」なのであり、しかもディアスポラが、たんなる地理的離散ではなく、国家との対峙という緊張関係をともなうものであれば、なおさらこの「アット・ホーム」と「ノット・アット・ホーム」の逆説こそきわめてディアスポラ的なのだ。

　さて、アドルノからサイードが受け取り、サイードからダバシが展開したこの「アット・ホーム／ノット・アット・ホーム」の視点は、言うほど簡単に手に入るものではない。三人ともに実際に故郷喪失／越境の体験をし、異郷暮らしをする上で、自らの闘いの日常のなかで紡いだ思想である。良い概念を見つけたからそれに飛びつけばいいというものではない。そのことは強調したい。だからこそ、たんに言葉で「希望」を表現することに実のところ躊躇している。だからこそ私は、本書のすべての章で、いったんは絶望的な事象を見極めなければならないと考えている。安易な希望などどこにも転がってはいない。「希望のディアスポラ」、それは逆説的にも、徹底して絶望を直視する先にしか見出せないし、語れないものだ。だが他方で、その直視の先には、故郷を異化する可能性、故郷でくつろがないという可能性も示唆されるだろう。少なくともそうした倫理を示すところまで到達できれば、本書はなにがしかの「希望」を示すことができるのかもしれない。

第Ⅰ部　日本・東アジア編

第1章
ディアスポラ元年としての明治維新、そして今

はじめに

「日本」とは何か？　「日本人」とは誰か？　この大きな問いは、いろいろな意味で立てられうるし、それに対して正解というものはない。強固なナショナル・アイデンティティを求めてこの問いを立て、それに満足する解答を自ら与えて誇らしげにしている者もあるが、そういう「国」や「国民」の枠組みや概念そのものを相対化するためにこの問いを立て、自らのアイデンティティを解きほぐす者もあろう。

二〇一八年は「明治維新一五〇年」ということで、安倍晋三首相の年頭所感をはじめとして、新年からこれを祝福する政治家の発言が相次ぎ、この年の二月一一日の「建国記念の日」は例年以上に注目された。そしてその年の一〇月には「明治維新一五〇年」を祝う政府記念式典が開催され、安倍首相が式辞で絵に書いたような近代化の物語を礼賛した。その式辞のなかでも言及されたことだが、二〇二〇年の東京オリンピック開催に向けて、あからさまにスポーツを

通した国威発揚が叫ばれており、近年ますます「国家」の存在が前面に押し出されてきている。

他方で、厚生労働省が発表した二〇一八年統計によると、いわゆる外国人労働者数が過去最高の約一四六万人となり、また在日外国人数全体は、法務省統計によると二七三万人に達している（ここには毎年約一万人前後になる日本国籍取得者、いわゆる「帰化者」は含まれていない）。これらの数字はいずれも過去最多である。だが、「難民」となると、日本は異常に厳しいことが世界的に知られており、二〇一七年の難民申請が約二万人（処理人数一万一三六一人）であるのに対して、難民認定数はわずか二〇人にとどまり、認定率は〇・一パーセント台という想像を絶する狭き門であった。そして申請数そのものを抑制するために制度の厳格な運用を徹底したことで、翌年の申請数は半減して約一万人となった。事実上の門前払いだ。この在日外国人の増加と難民の排斥という一見すると相反する現象は、いったい何を意味するのか。

明治維新、オリンピック、分断国家、外国人労働者、難民……これらをどのように関連づけて考えることができるのか、そしてそうした思考は私たちをどこへ導くのだろうか。

1　明治維新と建国記念日

まずは知っているようで、広くは知られていない事実関係を振り返り整理しておこう。

一八六八年の「明治維新」から二〇一八年は一五〇年ということで、政府主導で祝賀行事が数多く催された。いうまでもなく明治維新は、江戸時代・幕藩体制を終わらせ、近代国家としての大日本帝国を発足させた「近代革命」として位置づけられるものであり、その近代国家誕生から一五〇年目の節目を祝うということであった。

しかしそうだとすれば、建国記念日は、「明治」へと改元した一〇月二三日（旧暦九月八日）であるべきだが、そうなってはいない。なぜか。それは、明治維新＝革命を一般に the Meiji Restoration と英訳しているところに真意がある。つまり、維新はじつは「革命 Revolution」ではなく、「復活 Restoration」すなわち「王政復古」という天皇親政の復活を意味するのだ。

しかし、そうであれば、その王政復古の号令の日、一八六八年一月三日であるべきではないか。ところが、建国記念日はそれでもない。

建国記念日の起源は、「万世一系の天皇」の初代・神武天皇が即位した日とされる。もちろん神話だ。二月一一日に即位したわけではないどころか、神武天皇の実在そのものからして歴史学的に証明はされていない。八世紀ごろに編纂されたとされる『日本書紀』によると「正月」に即位したらしいので、一月一日の即位ということになる。明治政府は明治五年に天皇制国家の正統性を知らしめるために「紀元節」を定め布告したので、明治六年元日（旧暦）、すなわち新暦一月二九日を紀元節と定めたのだが、孝明天皇が一八六七年一月三〇日に死去したため命日の前日では不都合だとして、便宜的に二月一一日に制定し直したというだけのことである（当時の文部省天文局が「算出」したとも言われるが、算出方法は不明とされている）。

さて、その紀元節が「建国記念の日」にスライドしたのは、一九六六年の政令によってであり、実際には一九六七年二月一一日に祝われたのが最初であり、その翌年一九六八年に「明治維新一〇〇年」を祝うために紀元節が呼び戻されて建国記念の日とされたのであった。そしてさらに半世紀を経て二〇一八年に「明治維新一五〇年」がうたわれるのであった。この事実関係から私たちがあらためて認識し直すべきなのは、私たちは近代国家一五〇年を祝っているのではなく、政治的に復活させられた天皇制を、しかも「万世一系の天皇」の紀元節を祝わされているということである。それも神話の世界の実在さえ疑わしい初代天皇の即位した日でもない便宜的にテキトーに定められた日に。少なくとも、自分たちがいったい何を、なぜ、祝っているのかぐらいは知っておくべきだろう。

もう一つ、明治維新一五〇年について知っておくべきことがある。冷静に見れば、一八六七年一〇月の時点で徳川幕府が朝廷に対して「大政奉還」をおこない政治的実権を返上した以上、幕府政治は自発的に終わりを告げていた。これは倒幕（討幕）をめぐる内戦を避けるための政治的判断であって、これで武力による倒幕の正当性は失われることとなった。そして徳川家も他の諸侯と横並びとなる公議政体が目指されたが、そこに強引な武力介入を断固としておこない、主導権をさらったのが薩摩藩・長州藩の同盟軍であった。

これは、大政奉還がなされたところで、朝廷に実質的に政治を担う能力がなく、公議政体とはいえ徳川家が大きな権力を握り続けることになるのを懸念した薩長同盟が、なお武力による倒幕によって自分たちの主導権を欲したためであった。当然この武力による倒幕運動は、いわゆる「軍事クーデター」という性格をもつ。すなわち、「王政復古」というのは、この軍事クーデターを天皇の名前で正統化するための手段だったということになる。

このクーデターは、戊辰戦争という名の内戦へと発展していく（戊辰は一八六八年の干支）。幕府から京都守護職を命じられていた会津藩および江戸市中の警備を命じられていた庄内藩が、旧幕府側の象徴として敵視されたため、戦線は京都から江戸へ、そして東北地方へと移ってゆき、東北戦争が最大の戦場となった。東北の諸藩は、会津藩・庄内藩を討伐することに道理がないとして、奥羽同盟を組み、そこに北越同盟も合流し、奥羽越列藩同盟が結成され、薩長同盟と武力衝突することとなっただけでなく、薩長政権とは別の北方政権として独立宣言をおこなうにいたる。この東北戦争は、詳細を省くが、資金力・武力に勝る薩長軍の勝利に終わり、内戦は終結。本州から九州までを「新政府」が統治することとなる。

なお、とりわけ白河戦争・会津戦争では、新政府軍による筆舌に尽くし難い殺戮と収奪とが記録されている。近代化に向けて一致団結した美しい発展の物語どころではない。さらに会津藩士たちは下北半島・斗南藩へと追放され、斗南からまた離散、一部は屯田兵として北海道開拓に当たったという過酷な歴史も残されている（敗北した東北諸藩の士族が広く懲罰的に屯田兵にされていた）。

もちろんこの歴史は、薩長同盟中心の偏った物語を相対化するために、私自身の出身地（福島県郡山市生まれ。育ったのは宮城県仙台市）である東北地方の視点で見直したものである。北海道先住民アイヌの視点からはまた別の、侵略と収奪と支配の歴史が語られよう。ここではそれについては主題化しない。ただ、知られるように「長州出身」であることを公然と誇る安倍晋三首相が、ことさらに政府主導で明治維新一五〇年を祝賀していたときに、私たちはいったいどういう歴史を黙殺しているのかを知らなくてはならない。私自身はとうてい「国家・国民を挙げて」の祝賀行事に乗る気になどなれなかった。

2　スポーツと国家

次に、まもなく開催される東京オリンピックに向けて、「ニッポンがんばれ！」が開催国としていっそう強く叫ばれていることに関連して、やはり冷静に指摘しておきたいことがある。もちろん今回のオリンピックに限定したことではないし、またオリンピックに限定したことでもない。

世界を舞台とした活躍を目指すスポーツ選手は、出身国のために競技をしているわけではない。だが、国家の側は選手をナショナリズム高揚のために利用し、国民はそれに乗っかり国旗を振りかざしながら応援する（させられる）。オリンピックともなると、そんな順位付けなど存在しないにもかかわらず国別のメダル数をやたらとカウントしたがる。

だが、世界の野球とサッカーを見ればどうだ。選手たちはよりよい環境とよりよい報酬を求めて、国境など関係なく所属リーグと所属チームをどんどん変えていっている。他の種目でもそうだが、プロ・スポーツであれば当然のことである。

アマチュア・スポーツでは、オリンピックの出場枠に見られるように、国際大会への出場機会を求めて国籍を替えるケースも珍しくはない。国籍を変更することによって、代表枠に入るチャンスのより大きな国へと移住し国籍取得をすることが合理的ということになる。もちろん、トレーニング環境や生活環境など全般を考慮しての移住・国籍変更もあるだろう。たとえば、名実ともに日本の卓球界の頂点に立った張本智和は、両親ともに中華人民共和国の卓球選手だったことは知られている。一〇歳のときに一家で日本国籍を取得し、「張」姓から「張本」姓へと変更した（現在では「張」姓のままでも国籍取得は可能なはずだが）。こうしたケースは、他の競技、バレーボール、ラグビー、バスケットボール、ソフトボール、スケート、相撲などでも普通に見られることだ。

さらに、たとえば陸上短距離の「日本代表」として、サニブラウン・アブデル・ハキーム（父親がガーナ出身）やケンブリッジ飛鳥（父親がジャマイカ出身で本人もジャマイカ生まれ）といった選手が活躍している。女子テニスで世界ランキング一位となった大坂なおみは、父親がハイチ出身で、二一歳まではアメリカ合衆国との二重国籍であり、日本語を不得手としている。バスケットボールでＮＢＡ一巡目指名を受けて話題となった八村塁は、父親がベナン人で、すでにアメリカ合衆国を拠点として活躍していた。こういう時代にダブルのアイデンティティを持つだろう選手たちを、ことさらに「日本人」の活躍とばかり熱狂するのはあまりに一方的な国家への囲い込みではないだろうか。

それだけではない。そもそも世界レベルの選手ともなれば、その競技の最良のトレーナー、コーチ、監督を海外から日本に招いたり、逆にそういった指導者にチームの指導を仰ぐため海外に練習拠点を移したり（事実上「移住」だ）、最先端の理論や用具を世界中に求めたりもしている。日本出身の指導者が海外のチームや選手を指導しているケースもある。はたして、そうした結果として世界レベルの競争がおこなわれているときに（さまざまな種目での「日本人」選手の世界レベルでの活躍は明らかにこうした越境的なトレーニング環境の進展によるものだ）、その選手の国籍だけでもって、「国の誇り」と称揚することにどれだけの合理性があるだろうか。

同時に私たちは、こうした歴史も振り返る必要があるだろう。プロ野球界で、世界のホームラン王である王貞治は中華民国籍（いわゆる台湾で日本とは国交がない／父親は戦前の中国大陸出身で本人は日本生まれ）、通算最多安打の張本勲（張勲）は在日朝鮮人二世、通算最多勝利の金田正一も在日朝鮮人二世（のちに日本国籍取得）、シーズン最多勝記録をもつヴィクトル・スタルヒンは無国籍の亡命ロシア人であった。プロ野球の輝かしい「日本記録」は「日本人」だけがつくったものではない。さらに「日本プロレスの父」と称される力道山（金信洛）は、植民地下朝鮮の出身であり、「昭和の大横綱」大鵬は、亡命ウクライナ人を父にもちサハリン（樺太）に生まれ、北海道に「引き揚げ」ている。往年の大スターたちを懐かしむとき、私たちはどれだけこうした背景を知っているだろうか。

こうしたリストの最後に、東京オリンピック間近でもあるので、一九三六年のベルリン・オリンピック、男子マラソンの金メダリスト孫基禎を挙げよう。孫は朝鮮出身でありながら、当時朝鮮が日本の植民地であったために「日本人メダリスト」として記録されている。当時この快挙を報じる朝鮮の新聞では、孫の胸に貼られた日の丸が塗りつぶされて掲載されたことで、朝鮮総督府はその記事を書いた記者を逮捕、新聞を発行停止とし、孫も監視下に置いた。この事件に憤り、また落胆した孫は、選手生活を退くこととなった。二〇二〇年の東京オリンピックを前にして沸き立つ多くの人びとのなかで、この歴史をどれだけの人が記憶しているだろうか。

この明治維新祝賀と建国記念、そして「日本人」活躍礼賛は、どれだけ私たちが独りよがりで内向きの物語の消費によってしかアイデンティティや誇りを保ちえていないのかを示しているように思われる。いずれも、狭いナショナリズムを支えるものであり、その根拠が薄弱であるどころか、むしろ無根拠や矛盾をはらんでいるからである。

だが、現実社会はそうした威勢だけいいナショナリズムではどうにも糊塗できない状況が生じている。

3 移民労働を認めない国の外国人労働者移民

冒頭でも触れたように、厚生労働省の二〇一八年統計によると、いわゆる外国人労働者数が過去最高の約一四六万人となった（在日外国人数全体は、法務省統計によると約二七三万人）。この数字は何を示すのだろうか。あるいはそこに何を読み取ることができるだろうか。

まず前提として、日本社会は、いわゆる外国人労働者を一般的には認めていない。労働市場を外国籍者に対して開放しておらず、移民も認めていないのだ。タテマエとして、「単一民族国家ニッポン」を維持していると言える。認められている労働と居住の形態は、①専門職（いわゆる「高度人材」）、②「日本人の配偶者」あるいは「日系人（日本国籍者の子および孫）」で定住・永住資格者、③技能実習生、④留学生、となっているが、事実上①の専門職者のみが外国人労働者に当たり、②は日本人の「家族」ないし「血縁」として認めているのであり、③と④は基本的には定住することなく帰国することが前提となっている。すなわち、さまざまな理由や制約をつけて労働市場を基本的には外国籍者に対して閉ざしているのである（③の技能実習生というのは日本の技術を学ぶことが主目的であり、④の留学生というのは学業の傍ら生活費を補うため週二八時間を上限にアルバイトを認めているという主旨であるが、両者とも事実上は単純労働を目的とした渡航の口実となっている。なお、二〇一九年四月から新しく「特定技能」という在留資格が始まったが、まだ統計数字が出ていない。特定技能については第4章ほかを参照)。

これについては、治安上の問題や日本人の職を奪わないための配慮とされるが、しかしこれは合理的説明になっていない。第一に、いわゆる外国人犯罪の人口比での発生率が日本人による犯罪の発生率よりも異常に高いというデータは存在せず、外国籍者の増加が犯罪の増加に結びつくとは言えない。第二に、技能実習生と留学生の滞在資格による事実上の労働は、明白に労働者不足を補うための「法の抜け道」による外国人労働者だからだ。

どの産業分野でも、すなわち、農業・水産業の第一次産業でも、製造業・建設業の第二次産業でも、飲食・小売業の第三次産業でも、この「技能実習生」と「留学生」なしには労働力がまかないきれない。求人を出したところで、「日本人」の応募はどこでも不足しており、職種や地域によってはまったく集まらないことも少なくないため、雇用主たちは、制度の「抜け道」であることを承知で、技能実習生と留学生に労働力を頼ることになる。いずれも事実上はブローカーが介在して、日本での就労を目的とした外国人から高額の手数料や補償金を取り、「技能実習」や「留学」という名義で日本への渡航・滞在を斡旋し、労働現場へと送り込んでいる。

これが、逃亡を防ぐためにパスポートを取り上げられたり、労働契約がないため最低時給の半分にも満たないような労賃しか支払われなかったり、といった現代版「奴隷労働」の温床になっていることは、指摘されて久しい。一九八〇年代後半のバブル経済の時期に急増した非正規外国人労働者に対する施策として、出入国管理法を改定し、日系人二世・三世を「日本人に準じるもの」として定住・就労を可能にしたのが一九九〇年、そして技能の「研修」ではなく労働を伴う「実習」を制度化したのが一九九三年であった。隠れた外国人労働者の雇用についての問題は、ここに端を発している。そして九〇年代から、こうした外国人労働者の労働環境の劣悪さ、人権侵害、差別はずっと指摘され続けているのだ。

外国人労働者に関する日本の現状は、弁護士や研究者らからの指摘のみならず、国連人権理事会、アムネスティ・インターナショナル、アメリカ国務省などから批判され、制度の廃止ないし改善の勧告がなされている。鎌田慧の有名なルポルタージュ「絶望工場」は、いまや『ルポ ニッポン絶望工場』(出井康博)として日本の外国人労働を称する言葉となっているのだ。

ちなみに、外国人労働者一四六万人というのは、滋賀県の人口(都道府県別人口ランキング二六位)とほぼ同じであり、在日外国人数二七三万人というのは、京都府の人口(都道府県別人口ランキングで一三位)を上回っている。労働市場を閉鎖し、さまざまな制約をつけていてもなおこれだけの規模である。

この状況に対しては、大きく二つの方向性で議論がなされている。一つには、元・入管局長で現・移民政策研究所所長である坂中英徳に代表される「移民大国」への転換である。現在の労働者不足は今後の少子化でいっそう深刻になるのが明らかである以上は、労働市場を開放して移民を積極的に受け入れるべきであり、また移住労働を正規に認めることは、外国人労働者に対する待遇改善を必須のものとするため人権侵害状況もなくすことができると主張している。「移民」が日本経済社会の希望だというわけだ（先述の二〇一九年に始まった「特定技能」については、分野をある程度限定しつつも事実上の移民労働受け入れなのだが、「移民政策ではない」というのが日本政府の一貫した立場である）。

もう一つの方向性は、経済規模の縮小を受け入れれば、外国人労働者に頼らなくても済む、というものだ。人口が減少し始めており、少子化によって今後の人口減少は不可避であるのに、「経済発展」を無条件に善とするから、労働力不足が生じる。しかし経済発展を当然視する価値観を脱し、縮小した経済のもと「みなが等しく貧しさを受け入れる」ことができれば、労働力不足という状況そのものが生じないというわけだ。このいわば「清貧の思想」はしばしば聞かれるが、しかしこれは、復興経済と高度成長を享受し、安定雇用と十分な退職金・年金を保証された特権世代の自己中心主義であるという批判は免れない。加えて、その高齢世代の内部にも富の不平等が存在し、老後も消費生活を楽しめる階層と、餓死に至るほどの貧困階層とに分断されている。その程度の富の再分配もできていないなかで、「みなが等しく貧しくなる」などというのが幻想にすぎないことも指摘されなければならない。

しかし問題はそれだけではない。社会学者の上野千鶴子が二〇一七年二月一一日建国記念の日の中日新聞インタビュー「この国のかたち」で以下のように述べたことが大きな議論を呼んだ。

> 日本はこの先どうするのか。移民を入れて活力ある社会をつくる一方、社会的不公正と抑圧と治安悪化に苦しむ国にするのか、難民を含めて外国人に門戸を閉ざし、このままゆっくり衰退していくのか。どちらかを選ぶ分岐点に立たされています。
>
> 移民政策について言うと、私は客観的に無理、主観的にはやめた方がいいと思っています。客観的には、日本は労働開国にかじを切ろうとしたさなかに世界的な排外主義の波にぶつかってしまった。大量の移民の受け入れなど不可能です。
>
> 主観的な観測としては、移民は日本にとってツケが大き過ぎる。トランプ米大統領は「アメリカ・ファースト」と言いましたが、日本は「ニッポン・オンリー」の国。単一民族神話が信じられてきた。日本人は多文化共生に耐えられないでしょう。

上野の考え方は、移民（外国人）が犯罪を引き起こし治安悪化につながるか、あるいは日本人が過激な移民排斥運動を引き起こし治安悪化につながるか、その一方ないし両方に至ることを自明の前提として決めつけている。多文化共生社会に進んでいくことについて端的に絶望しているのだ。

たしかに日本社会の排他性は直視しなければならない。だが、上野はあまりに安易にあきらめてしまってはいないか。多文化・多民族というのは、否認しようが消えない「現実」である。すでに一府県の人口規模に達する在日外国人・労働者がこの社会のなかに生きている。そこには、植民地支配していた朝鮮・台湾などから来て日本に定住することとなったオールドカマーと、日本経済の労働力を担うニューカマー（しかも日本人がしたがらない仕事をする過酷な現場で働く）とが含まれている。「単一民族神話」は「神話」である以上、真実ではなく、現実の「他者」との共生を、多くの当事者たち（外国人も日本人も）が模索してきたし、いまもさまざまな共生の試みが、自治体で、学校で、地域コミュニティで、市民グループで、個人で、なされている。上野が「耐えられない」と決めつけようが、共生への希求はなくなりはしない。勝手な絶望は、無責任だろう。

4　難民鎖国ニッポン

もう一つの法務省統計も考えよう。二〇一七年に難民申請が約二万人に達し過去最高に達した一方で、難民認定数は前年度から減少してわずか二〇人にとどまった。すでに触れたように、認定率はわずか〇・一パーセント台である。

これについては、過去のデータも参照しながら、いくつかの補足が必要だ。しばしばこのデータの報道で指摘されているのは、二〇一〇年の制度改定で難民申請をしてから審査結果が出るまでの期間に就労することが可能になって以降、申請者が急増しており、多くが就労目的とした「偽装難民」と見られているということだ。たしかに、それまで一五〇〇人前後で推移していた難民申請者数が、二〇一三年は三〇〇〇人超、一四年は五〇〇〇人、一五年は七〇〇〇人超、一六年は一万人超と急増してきたのは事実である。ただし、この時期は世界的にも難民数が急増しているため、増加部分をそのまま労働目的の偽装難民とみなすことはできない。しかし同時期、日本が難民認定した数は、二〇一〇年の三九人から、一一年二一人、一二年一八人、一三年六人と、逆に著しく減少する一方であった。その翌年からは微増したものの、一四年一一人、一五年二七人、一六年二八人と、申請数に対する認定率は極めて低いままであり、一七年は先述のように約二万人の申請に対して二〇人の認定、認定率〇・一パーセント台という驚異的な低さであった。はたして偽装者が好き好んでこの異常に狭い関門に挑戦するだろうか（なお法務省が制度の厳格な運用を指示したことで、二〇一八年には難民申請数が約一万人と半減した。事実上の門前払いである。認定数は四二人で、認定率は〇・四パーセントとなった）。

　私たちはこの数字がどれくらい低いものなのかを具体的に知らなくてはならない。二〇一六年のＵＮＨＣＲのデータを見ると、カナダが認定数一万人超、認定率六七パーセント、イギリスが認定数一万三〇〇〇人超、認定率三三パーセント、アメリカ合衆国が認定数二万人超で、認定率六二パーセント、フランスが認定数二万四〇〇〇人超、認定率二〇パーセント、ドイツが認定数二七万人、認定率四一パーセントとなっている。シリア難民が殺到したドイツは例外的な人数となったが、それを割り引いたとしても、およそこれらの経済大国がおしなべて万単位の認定数、数十パーセントの認定率であるのに対して、日本の認定数はその一〇〇〇分の一ほどという数桁違いの少なさであり、認定率ではもはやゼロ・コンマ以下という、ほぼゼロと言ってよい異常な低さである。「難民鎖国ニッポン」（根本かおる）と言われるゆえんである。

ヨーロッパ諸国は大量の難民を発生させている中東・アフリカに地理的に近いから日本とは条件が違うという異論もあろうが、しかし、世界的に難民数の多いミャンマー（ロヒンギャ含む）、スリランカ、パキスタンからの難民申請については、日本へも一定数の申請者がいるにもかかわらず、ほとんど難民として認定していない（というか、総数でわずか六人から四〇人程度では、どの地域からの難民申請についてもほぼ認定していないに等しい）。地理的条件を勘案したとしても、欧米諸国には「純粋難民」ばかりが申請していて、日本にだけは「偽装難民」ばかりが申請しているとは、どうあれ説明できない。申請数が一〇〇〇人だろうが一万人だろうが、具体的な数字が示しているのは一貫したその閉鎖性でしかない。

ここで少しばかり発想の転換をしたい。

難民支援をする側も、とりわけ二〇一〇年の労働許可の制度改定以降の難民申請数の急増について、労働目的の「偽装難民」が含まれていることを認めている。その偽装性を一定程度認めたうえで、それにしても認定数が少なすぎると日本政府を批判しているのだ。

だが第一に、その「偽装」がそんなに問題だろうか。なぜそもそも労働目的で難民申請をするのかを少し考えれば気づくだろうが、先述の「技能実習生」と「留学生」は、制度の隙を突いた事実上の移住労働者とみなすことができる。偽装を批判する前に、実際には外国人労働者を市場が切実に必要としていながらも、労働移住を排除するという、現実にまったくそぐわない政策を無理に維持していることこそが、強く非難されるべきである。それこそが、非正規移住労働者を生み出し、労働基準法違反の人権侵害を恒常化させているのだから。

偽装難民を本当になくしたいのであれば、労働移民を制度化することである。それは、非正規滞在という社会的不安要因をも取り除くことになり、治安問題の改善にもつながるはずである（犯罪行為は日本国籍者であれ外国籍者であれ、貧困などの経済的不安定から一定の割合発生しているからである）。

次に、「難民」と「移民」の差異は自明のものだろうか、という点を考えてみよう。つまりそれは、「純粋な難民」（純然たる避難）と「不純な難民」（実質的に労働）の差異でもあるのだが、そこには厳然とした線引きが可能なのだろうか。もう故郷では人間的な家族生活をする収入を得るほどの仕事の機会がないというときに、故郷を離れる決断をしたとする。それは「不純」なことなのだろうか。

もしそうだと言うのであれば、日本から渡った移民の歴史を少し振り返ればいいだろう。明治元年から第二次世界大戦後の高度成長期まで一〇〇年にもわたって、戊辰戦争に破れた東北の藩士が、田舎の寒村の小作人が、あるいは都会であぶれた失業者が、戦争引き揚げ者が、北海道へ、ハワイへ、北米へ、中南米へ、満州へと大量に移民していった。国策移民は「棄民政策」とさえも言われた。そこには、食うに事欠き日本をやむなく「脱出」した者も、一旗揚げることを夢見て挑戦の旅に出た者も、拓殖会社に乗せられ騙された者もある。彼らは自発的な「移民」なのか、それとも、やむなく避難した「難民」なのか。その区分は不可能ではないか？

「ディアスポラ」という用語が有益であるのも、移民／難民の峻別が困難なことに起因している。自発性が強ければ移民で、強制性が強ければ難民とされうるが、しかしそのあいだには両義的な人間の移動が無限に存在する。その両義的な越境を「ディアスポラ」（離散）と呼ぶのだった。そして振り返れば、日本は近代の幕開けである明治元年から、すなわち「開国」による渡航の自由化で飛び出した「労働移民」たち（餓死を免れるための「経済難民」もいただろう）と、戊辰戦争という内戦に敗北した東北人たちの「戦争難民」（すでに述べたように、下北半島へ強制移住させられ、北海道侵攻の屯田兵にもされた）とを同時に生み出してきたわけだ。移民的要素も難民的要素もともに持っていたことになる。近代国家の始まりである「明治元年」は日本の「ディアスポラ元年」とも言えるのだ。

そうした歴史を、ある意味できれいさっぱりと忘却することなしには、ここまで移民および難民を拒絶する姿勢はとれないだろう。自らが放り出した移民／難民は、どこか別の地域で受け入れてもらったか、あるいは不法に密航したか、あるいは国策で侵攻の手先となるかしてきた。そういう長いディアスポラの歴史が「明治元年」からあるにもかかわらず、経済大国となった後は、移民も難民も基本的に排除するというのは、あまりに一方的・非対称的すぎると言わざるをえない（しかも実際は労働力不足を埋め合わせる非正規な労働力として利用しているのが欺瞞的だ）。

5　ディアスポラの思想へ

整理しよう。「明治維新一五〇年」が日本の近代化の美しい物語の原点としてことさらに讃美されたが、実際には主導権争いの血みどろの内戦だったのであり、支配と侵攻という暴力とその隠蔽をこそ私たちは一五〇年前の起源に持っている。そしてその「明治元年」は、この内戦の敗者たちを極寒の地へと追放したり移住させたりし始めた起源の年でもあり、また開国による労働移民開始の年でもある。つまり二重の意味で「ディアスポラ元年」なのだ。

そうした自らの歴史を振り返ったときに、ことさらに移民と難民を峻別することに不合理さを感じざるをえない。少子化対策・労働力不足の対策として労働移民を合法化しようと方針転換を主張する側には、日本経済に役に立つ外国人だけは受け入れようという姿勢が見られる。裏返せば、経済的に役立たない外国人を排除することが言外に含まれる。また積極的な難民認定を主張する側には、偽装難民は別として純粋な避難民はもっと受け入れるべきという姿勢が見られる。これには、労働目的の実質的な移民を排除することが言外に含まれる。

もちろん、労働移民の受け入れも、難民の受け入れも、拡充すべきなのは間違いない。そこについては原則的に賛同する。ただ気になるのは、この人は日本経済に役立つから受け入れようとか、この人は純粋に難民なのだから受け入れようといった取捨選択をする権限が自分たちにあるかのような振る舞い方だ。相手は生身の人間なのだ。労働力としてだけ存在するわけではない。無垢な弱者であるわけではない。生活があり、そのなかには欲望も下心もあって当然だろう。経済的に役立つかどうか、純粋な難民かどうか、そういうモノサシで人を測り選別するのではない思想を身につけたいと思う。

最後に印象的な取り組みに触れておこう。宗田勝也『誰もが難民になりうる時代に――福島とつながる京都初コミュニティラジオの問いかけ』という本が東日本大震災・東電原発事故の経験をふまえて刊行された。もともとは「難民ナウ！」という京都のコミュニティラジオが、「難民問題を天気予報のように」というコンセプトで活動を開始した。誰もが日常的に関わることとして難民問題をとらえ、情報を発信するとともに、難民自身が自らの声で発信すること、そして放送だけでなくカフェトークや街頭イベントやアート展などでの地域コミュニティのなかに直接的な関わりをもっていくこと、などに活動の特徴がある（ラジオだけでなくインターネットテレビも始めた）。そうしたなかで、「支援する／支援される」という一方的な断絶を乗り越えて、難民自身が運営側に加わったり政策提言をおこなったりすることで、コミュニティの一員となっていくとともに、「当事者／傍観者」の垣根も壊していくことになった。誰もが難民と無関係ではありえないし、実際に活動に関わることができるきっかけを多くの場面につくりだしてきた。

　そうしたさなかでの二〇一一年三月一一日、東日本大震災。東電原発事故による放射能汚染からの避難者が、京都にもたくさん流入していった。京都は関西地方の避難者受け入れの拠点となった。これには、私自身も関わっている。宮城県からの関西への避難者であると同時に、私は避難者の受け入れ体制を最初期につくった側でもあった。とくに関西以西の各地で迅速に受け入れ体制を作って知らせてくれたのは、ディアスポラ研究で接点のあった仲間たちであったことが大きい。私が避難相談の窓口となりつつ、各地の受け入れ団体への橋渡しをしていくうちに、受け入れ団体のネットワークを構築していくこととなった。つまり、避難と受け入れの双方をよく知っている当事者であったのだ。このとき私が受け入れ支援をした人たちが、いまでは京都市民となってさまざまな地域活動に関わっている。それゆえ「難民ナウ！」の垣根を壊すという意識、その意味するところが身をもってよく分かる。

　そして「難民ナウ！」は、震災避難者もまた自分たちが向き合ってきた「難民」と通底する存在であるとして、彼らとつながっていく。そこでクローズアップされたのが「潜在的難民」、すなわち、「誰もが潜在的には難民となる可能性がある」という考え方だ。これはまさに私自身が、震災直後にまずは緊急に大阪へ避難し、そしてその後京都へ移動したときにもった実感でもある。普段、移民や難民の研究をしていても、それだけでは研究の域を出ない。しかし、実際には私自身が何かの拍子に難民になりうるし、その可能性はつねにどこにでもあるのだ。

原発事故直後の避難の移動の途中で、移動先の関西で、次々と爆発していく原発のニュースに接し、故郷喪失を自覚した。「自分の番が来たのだな」と感じたのであった。

「潜在的難民」という概念は、まさに原発震災でクローズアップされ、そこで従来の難民とつながる役目を果たした。原発避難者はいわゆる「純粋な難民」として定義・認定されるわけではないし、実際に「難民」という言葉に対して避難者が受け入れ難い感情をもつこともあるだろう。だが、原発の近くから命からがら逃げ出して、居住地が帰還不可となってしまったほぼ難民と言える人もいるだろうが、原発事故の被災範囲の特定が困難であることから（すなわち事故被災者の特定も困難）、汚染・被曝の長期的影響を心配して子育てのために移住を決断した人たちも、南東北から関東まで広範囲に発生しているのだ。

だからこそ、この難民／移住者／受け入れ者、という垣根を乗り越えうるのが、ディアスポラの思想だと私は思う。強制避難地域からの人であろうと、福島県からの自主避難者であろうと、福島県外からの避難・移住者であろうと、原発震災ディアスポラなのであり、原発大国ニッポンにいるかぎり、全国どこへ行ってもいつ事故を起こすか分からない原発が待ち構えていることを考えると、受け入れ側も安穏とはしていられない。その意味でも誰もが当事者の立場から免れないだろう。

おわりに

「難民ナウ！」ならぬ「ディアスポラ・ナウ！」という展覧会が二〇一七年末から二〇一八年初めにかけて岐阜県美術館で開催された。戦争難民、不法移民、原発震災避難者などをテーマとしたさまざまなアート作品（絵画や映像やインスタレーション）が並んでいた。開催主旨から引用しよう。

ディアスポラの問題は、国家の枠組みを超えて、故郷を問い直すことへとつながる。彼らは、生まれた土地で、自らの存在を認めてもらうことすらかなわない。すでに看過できない現状で、アートは、世界の視線を彼らに引き寄せることができるのだろうか。さらに、そうしたアーティストの中には、故郷に戻れず、新たな地で、自らの表現をつづけている人たちもいる。彼らにとって作品は、自ら置かれた立場の表明であり、それはまた現代を映す鏡になっている。

「ディアスポラ・ナウ！」、いまこそディアスポラを考えよう。このアート展の呼びかけは、必然的なタイミングで本書にも深く響いている。

原発事故（国策の破綻）によってだろうが、戦争や占領によってだろうが、貧困によってだろうが、故郷喪失という出来事は避難者・難民を絶望に突き落とすに違いない。古今東西いたるところに、もちろんこの日本社会の足元にも、そうした絶望が転がっている。「難民ナウ！」「ディアスポラ・ナウ！」は、難民になること、ディアスポラになることを勧めているのではない。故郷喪失の可能性は逃れようもなく私たちの社会にすでに内在しているのであり、誰もが難民・ディアスポラと無縁ではない。そのことをいまこそ正面から直視しよう、という呼びかけなのだ。そこからしか希望は見いだせない。

第2章
「棄民」か「棄国」か
——出ニッポンの今・昔

はじめに

出ニッポン——。冒頭から個人的な思い出を書いてしまうことになるが、このテーマを考えたときに、どうしても忘れることのできない経験がある。

二〇〇〇年代に、私はパレスチナ／イスラエルのエルサレムで奇妙な共同生活を送ったことがある。東エルサレムと西エルサレムのほぼ境界に近い立地で、ギリギリ東側に、つまりアラブ側に入るところにあった安ユースホステルに長期逗留していた。留学先のヘブライ大学の学生寮の滞在期限を過ぎ、個人向けアパートやシェアできるフラットが見つからないでいた、その繋ぎの時期であった。

いまはもうないユースホステルだが、パレスチナの第二次インティファーダ（二〇〇〇年から始まった民衆蜂起）が起きたあとの治安情勢の悪化で観光客が激減し、エルサレム旧市街から徒歩数分の立地ながら、少し奥まっていたのと、古くて設備が悪かったせいもあり、一般の宿泊客は皆無であった。静かな環境が勉強には向いていると思い、また一泊わずか二〇シェケル（当時のレートで五〇〇円ほど）という安さもあり、アパートが見つかるまで二ヶ月近く滞在しただろうか。その間ずっと、中国人労働者と、そして日本人労働者が、やはり定宿として長期滞在していて、私たち三人はよくいっしょに食事をしながらとりとめもなくおしゃべりをした。ちなみに、その安ユースホステルの雇われマネージャーは、ロシアからイスラエルに「ユダヤ人」として移民してきたキリスト教徒の若い男性であったが、夏場いつも上半身裸でうろついて、堂々と十字架のネックレスを見せつけていた。「アラブ人もユダヤ人も嫌いだ」と言い放ち、「たんに労働機会を得るために、遠縁にユダヤ教徒がいるってだけでイスラエルに移民してきた。いずれユダヤ教に改宗するって約束さえすれば移民なんて簡単だ」、と彼は豪語した。

　中国人労働者も興味深かった。中国で大学を卒業してすぐに、リクルート情報に飛びついてイスラエルに来たという。英語が得意な彼は、アメリカ合衆国から西エルサレムに移民してきた高齢のユダヤ教徒の日常的な介護をする労働者であった。中国人労働者の場合、多くが大都会のテルアヴィヴ近郊などで建設労働者になるが、彼はやや例外的であった。そのために彼と私とはエルサレムで出会うことになった。

　彼の話はとても面白かった。ひじょうに勤勉で無駄遣いをせず、しっかりと貯金をして人生設計を考えていた。彼は中国には戻るつもりはないと言った。「中国は人口が多くてどこでも競争が厳しすぎる。いま中国に帰っても、自分はレストランのウェイターにさえなることができない。中国にはプロのウェイターが山ほどいる。でもイスラエルにいるかぎり、中華レストランのシェフになることはできるんだ」、と。たしかに、西エルサレムの自称日本食レストランに一度だけ行ったことがあったが、あれはいわゆる「日本食」とはまったく別の種類の料理で、まず二度と行くことはあるまいと思った。だが、それなりに繁盛していたようだった。「中華」であれ「和食」であれ名乗ったもの勝ちなところがあったろう。

その中国人労働者は、あと二年は西エルサレムで介護労働を続けて貯金をして、ニュージーランドあたりで大学院に入って経営学の勉強をする、と夢を語ってくれた。その後、彼の夢が実現したかは定かではないが、道を切り開く強い意志と行動力はともなっているように感じられた。

さて、出ニッポンをしてしまった日本人労働者の話もしよう。彼も私と同じ歳ぐらいだったろうか。三〇歳前後で、アメリカ合衆国の大学を卒業後、ウォール街で金融マンとして働いていた経験があった。だが彼は人間関係のトラブルからその仕事を離れて、東エルサレムの安ユースホステルに滞在しながら、清掃や建築などの日雇い労働をして暮らしていた。英語は完璧に話せるが、ヘブライ語とアラビア語はまったくわからず、勉強しようともせず、「ただアメリカから逃げるように観光気分でエルサレムに流れ着いただけ。適当に仕事が見つかるからそのまま居着いてしまった」。ロシア人マネージャーや中国人労働者と同様に、現地の社会や文化には何の関心も持っていない。違いがあるとすれば、不幸にもアメリカで挫折をして、その後、目的意識もなく漂流しているということだろうか。収入は私たちのなかで最も不安定で、貯金をするどころか、むしろアメリカ時代の貯蓄を切り崩していただろう。そして彼は、日本に戻る可能性も含めて、先のことについてはまったく語らなかった。実際、語ることができなかったのだろう。私は、全財産とも言えるトランクの彼の持ち物のなかで最も高額な一眼レフカメラをやたらと手入れし（しかしジャーナリストのような現地への関心は皆無であったため撮影で使っている様子もなかった）、そのカメラの「敵」である野良猫（抜け毛が本体やレンズに入り込むのを極度に嫌がった）を徹底して撃退する姿に違和感をおぼえた。そして先行きのなさのためかやや不安定な言動と、ユースホステル滞在の中国人労働者と私以外に一切の人間関係がなさそうな点（生活感のなさ）で、彼の存在は正直なところ、私の目にはやや奇妙なものに映っていた。

　ここでふと、パレスチナ側の東エルサレムにいるにもかかわらずパレスチナ人不在の光景であることに気がつく。ロシア脱出の経済移民のマネージャー、富裕なアメリカ人ユダヤ教徒移民を介護する中国人労働者、アメリカの金融街で挫折した日本人日雇い労働者。彼らの労働現場は、元々は、東エルサレムのパレスチナ人か、西岸地区からの出稼ぎ労働のパレスチナ人によって担われてきたはずだ。ところが、その位置を、日本人も含む外国人労働者が占めていた。この状況は、いわゆるネオリベラリズム的なグローバリゼーション、および、イスラエルのアメリカ的ネオリベ化と排外主義の結果なのか。

　ところで、失礼にも、私はその日本人日雇い労働者を「奇妙な」と表現してしまったが、彼から見れば私自身もまた「奇妙」であったことは否定できない。当時の私はと言えば、研究就職の保証のないオーバードクターの研究者であり、周囲からは将来性の乏しいカネにならないマニアックな研究をする物好きな変人として見られていたことは間違いない。当時の日本の流行語で言えば「高学歴ワーキングプア」である。実際私もまた、一泊五〇〇円の安宿にひっそりと滞在して身を窶《やつ》している点では、彼と変わりない不安定者であった。

　累計で二年ほどにわたりエルサレムで研究滞在をして（その後、東エルサレムでアラブ人学生とのフラット・シェアができたので、安ユースホステル滞在を脱することができた）日本へ戻ったが、不安定であることに変わりはなかった。大学の非常勤講師を仙台と東京とでかけもちで担うことによって少ないながら収入を得たが、交通費と宿泊費を節約するために高速バスとインターネットカフェを多用する日々。ときあたかも「ネットカフェ難民」が社会現象として知られていった時期でもあった。

1 「外こもり」

　エルサレムでしばらく生活をともにしたその日本人は、ときおり日雇い労働をしていたので、引きこもっていたわけではないが、特定の目標もなく、安定した雇用状態にもなく、いわゆる「ニート」（Not in Education, Employment or Training の頭文字をとってＮＥＥＴ。就学・就労・職業訓練のいずれも行なっていない若者世代）に近い状態にあった。ニートというイギリス発祥の言葉が日本社会で使われ始めたのも、ちょうどこの時期、二〇〇〇年代に入ってからであった。

この時期なぜこの言葉が流行したのかについては具体的な理由がある。第一には、一九九三年から二〇〇五年までとされている「就職氷河期」の問題だ。いわゆるバブル経済が崩壊してからこの時期は、求人倍率が一・〇倍以下で新卒者の就職が困難になり、派遣労働やフリーターといった非正規雇用の労働者が増加した。一九九三年に大学に入学した私自身、このことは同時代に見聞きした経験からたいへんに実感をともなって理解できる。

第二に、一九九九年に「労働者派遣法」が改定されて、派遣業種が原則的に自由化され、さらに二〇〇一年に発足した小泉純一郎内閣が強力に推し進めた構造改革の一環で、それまで禁止されてきた製造業への派遣労働が自由化の名の下に解禁となり、その他の専門的な二六業種で派遣期間が三年から無制限に自由となったことがあげられる。この頃から派遣、非正規雇用の労働者が急増している。安倍晋三内閣が強引に進めている「働き方改革」もその延長にある。

派遣労働、パート、アルバイトといった形態は、言うまでもなく、非正規であるがゆえに雇用期間は短く不安定であり、そして賃金も低い。これは「労働形態の自由化」という大義名分で、実際には雇用主にとって人件費と社会保障費を引き下げ、景気や経営状況によって柔軟に解雇できる、都合のいい制度改定であった。しかし被雇用者からすれば、日々の生活の維持から将来設計に関わる深刻な問題である。厳しい労働条件で、手取り給与を増やしたければ、ひたすら勤務先の掛け持ちによって労働時間を増やすほかない。しかし、時間と体力からいって、それを無尽蔵に増やすことにも続けることにも限界がある。物理的な限界を追求し続ければ、どこかで精神的な限界が来る。正規雇用の叶わなかった者が絶望し、一定数がニートになっていくということは、個々人の事情を見なくとも、ほとんど論理必然的な帰結であった。そのニートのなかで、社会的な接触をもつことなくほとんどを自室で過ごすことになった者を「引きこもり」と呼ぶ。

ニートが社会現象として注目されてからまもなくのこと、「外こもり」という奇妙な造語が広まり始めた。ニートが広く認知され始めたのが二〇〇四年頃、「外こもり」が使われ始めたのが二〇〇六年頃からとされる。外こもりとは、文字どおり、「海外」で「引きこもり」のような生活をすることを指す。留学や就労が目的ではなく、国際結婚が理由でもなく、むしろ社会関係を断ち切るために、日本を離れて静かに暮らすというわけだ。おもに、物価と航空運賃の安い東南アジアの都市部で外こもりをする日本人が多いという。日本で短期アルバイトなどである程度稼いだお金を、生活費の安い東南アジアに持ち出して、お金が尽きるまで引きこもりのような生活を引き延ばす。持ち金がなくなったら帰国し、ある程度の賃労働をして貯蓄する。それを繰り返す。

外こもりをしている日本人はどういう人たちなのか。正規雇用を望んでいるのにそれができずに非正規雇用となってしまった者もあれば、自らの意志で何かしらの理由で正規雇用を辞した者もある。ただ、自らの意志でと言っても、職場の人間関係のトラブルや、過酷な労働条件に耐えられなかった、などの理由であれば、それは好き好んで安定雇用を捨てたとは言えないだろう。それゆえ、海外に脱出するのは、就職できなかった若者だけではない。会社の倒産、整理解雇、親族間トラブル、そういった理由で日本社会に居場所を失い、あるいは、限られた貯金を物価の安い地域で活用するために、海外に脱する中高年もいる。就職氷河期だけの問題ではない。「構造改革・規制緩和」としての「自由化」の波は、雇用の自由化＝不安定化を生み出しただけでなく、社会福祉・社会保障の切り下げの結果としての自己責任化をもたらした。つまり日本社会は、自由の名のもとにネオリベラリズム的な競争社会・格差社会へと移行してきたのであった。

そうしたなかで、海外脱出をテーマとした本が目につくようになる。タイなどで外こもりをする日本人の若者を取材した『日本を降りる若者たち』（下川裕治）が刊行されたのが二〇〇七年、失業や離職でカンボジアやフィリピンに移住した中高年を取材した『老いて男はアジアをめざす』（瀬川正仁）が二〇〇八年、『日本を捨てた男たち』（水谷竹秀）が二〇一一年の刊行であった。すなわち、その少し前の時期から日本社会の「生きづらさ」が加速し、そこから逃れる手段の一つとして曖昧な動機による海外脱出が注目されるようになったと言える。

もちろん、海外に逃れれば問題がすんなり解決するわけではない。留学や海外勤務などと異なり、明確で安定したポジションがあるわけではない。またとにかく脱出をということで出てきた人びとには、語学力をはじめとした海外生活上のスキルが欠けていることも多い。周囲の環境に依存した場当たり的な暮らしとなり、思うような生活再建ができないケースも多い。貯金が底を尽きれば、最悪の場合、日本に戻ることさえもできずに不法滞在を続けるしかなくなることさえある。

しかし、そうした海外でのさらなる困窮や不安定さが知れ渡っていてもなお、脱出の一手段として海外移住が社会現象となっていったということも重い事実である。日本人はかつてバブル経済時には「ジャパン・アズ・ナンバーワン」と豪語しすでに欧米社会を超えたと嘯《うそぶ》いた。その後バブル経済が崩壊したとはいえ、なおも世界でトップクラスの経済大国を自任しつづけているはずである。それなのに、どうして不安定雇用、ワーキングプア、引きこもり、生活困窮、果ては餓死や孤独死や自殺が絶えないのか。そして、日本を脱出するという手段が選ばれるのか。

2 「棄国」

二〇一三年と一五年に「棄国」という文字をタイトルに含む二冊の著書が相次いで刊行された。片岡恭子さんの『棄国子女』と増田幸弘さんの『棄国ノススメ』だ。時期的には、前記の非正規雇用や失業・離職を理由とした海外脱出に関する数々のルポルタージュに連なるものであり（こうした海外脱出ルポはその後、現在までコンスタントに刊行され続けている）、どちらの著者も日本社会に対する「生きづらさ」を海外移住＝棄国の理由としている点で、閉塞的な社会背景を共通して見ることができる。

だが大きな違いもある。それは、前記の脱出もののルポルタージュは、旅行作家、ジャーナリストが脱出者を取材して執筆したものであるのに対して、この二冊は、日本脱出をした張本人が自らの体験を執筆しているということである。もう一点は、「棄国」というタイトルに見られる、自分の意志で「国を棄てた」という能動的な意識と姿勢があること。これは、自らの体験の執筆ルポであるという能動性にも通じているものだ。

片岡さんは、小学生時代から学校の同調圧力にすでに息苦しさを覚えており、また家族関係にも長年苦しめられたこと、やはり非正規雇用による不安定な経済状況、田舎の閉鎖的な人間関係などによる心労が重なり、精神疾患を発症するに至る。そうした時期に転換点となったのは、二〇〇一年九月一一日のアメリカ同時多発攻撃、いわゆる〈9・11〉だ。テレビで目撃したのは、ニューヨークの貿易センタービル「ツインタワー」が崩落する場面。そして友人からそこで働く先輩が行方不明だというメールが届く。「海外在住の花形ニューヨークで順風満帆にキャリアを積んでいた人が、なんの落ち度もないのにある日いきなり不条理に命を絶たれる。そんなありえないことがこの世の中では起こるのだ。明日のことはわからない。それなら、どこでも好きなところへ行って、なんでも好きなことをやったほうがいいに決まっている。9・

11を境に、正気と狂気の狭間を漂っていた私は、やっと負のスパイラルから抜け出せた」

こうして片岡さんは、二〇〇一年から二年半にわたって南米放浪をすることになるのだが、治安や衛生の良くない場所も厭わず南米各地を回るなかで、次々と泥棒、強盗、遭難、暴動、食中毒に遭う。不法労働もやっていた。しかしそれは必要な荒療治であったのだ。生きるか死ぬかの瀬戸際の経験からの生還。生かされたのだという自覚。そういうものがあって向精神薬を飲まなくても済むようになったという。同書はその旅の記録であり、また精神の回復と思索の稀有な記録である。

そんな経験をしてきた片岡さんから見ると、日本はひじょうに殺伐としている。「こんなに殺気立った緊張感が張りつめている国を私は他に知らない。誰もが雨露と糊口を凌ぐために精一杯で、疲れ切って苛立っている。働いて働いてそれだけで一日が終わる現状に抗うこともなく、従順なまでのあきらめに覆われている」という。そんな自分の社会をより良いものにする責任はあるし、そういう努力も必要だとは思うが、しかし、多くの人びとにとっていまの日本社会は苦しすぎるのである。それは、年間二万人から三万人、ときにはそれ以上の自殺者を出し続けていることからも、そして、把握できないほどの数の海外脱出者がいることからも、明らかである。

ここではないどこかが常に心の中にないと、あまりにつらすぎてとても日本では生きていられない。正気と狂気の、そして生と死の境からの生還者である私にとっても、日本は生きるには過酷な国なのだ。私は今日もここではないどこかを想って日本を生きる。（…）
世界は会社だけじゃない。世界は学校だけじゃない。世界は日本だけじゃない。日本に住んでいる、日本しか知らない日本人は、全然それがわかっていない。なにも死に急ぐことはない。ここではないどこかはあの世だけではない。

このような思いで片岡さんは日本脱出＝棄国を繰り返している。

『棄国ノススメ』の増田さんのほうは、棄国の決断のきっかけはむしろはるかに漠然とした社会への不安であることが興味深い。病気をしたわけでも失業をしたわけでもなく（多少景気の悪化は影響したが）、家族関係も良好そうに見える。海外に仕事を見つけたわけでもないし、新しく仕事を始める具体的な計画があるわけでもない。人から理由を聞かれても、言葉に窮したという。にもかかわらずなぜ棄国なのか。あえて背景を説明しようとすれば、一九九五年の阪神・淡路大震災が一つのきっかけになっているようだ。

神戸の街を大きな地震が襲って間もないときのことである。被災者に対する国のもどかしい対応に、いざというとき頼りになるのは、国でも町でもなく、近隣の人びとだと考えた。
（…）日本にいても仕方がないとは思っていた。世界が根元から大きく変わっているはずなのに、古い仕組みにしがみついたまま、なにも変わらない社会にも、変わろうとしない人びとにも、変われないぼく自身にも、ほとほとうんざりしていた。

得体の知れない不安、漠然とした社会の変化、閉塞する空気。自殺者が二万人、三万人と出るこの日本社会では、少しの失敗で取り返しがつかなくなり、自殺が現実的な逃げ道となってしまう。増田さんの親しい友人も自殺をしたそうだが、それもまた棄国の一因をなしているだろう。この国では家族を守ることができない。ただただ日本から離れようと焦る気持ちで、増田さんは二〇〇六年に、家族とともにかつて仕事で訪れたことがあり知人もいるチェコのプラハに移住先を定めた。仕事や学校や地域で、成長もするが、失敗やトラブルもあり行き詰まる。そしてチェコ移住から四年後には隣国スロヴァキアのブラチスラヴァへ再移住。同書は、その具体的な移住体験とさまざまな試行錯誤をする家族の物語である。

3 原発棄国

さて、この両書が共通して論及することがある。二〇一一年三月一一日の東日本大震災、とくにそのなかでも東京電力福島第一原子力発電所の重大事故だ。この事故対応が、いやもっと言えばそもそも原発の存在そのものが、国家の性格とその限界を露呈させた。学者やジャーナリストでなくとも、ごく普通の生活者たちが、その生活感覚から、日本という国家は国家秩序を維持することが最優先であり、個々の住民の生命・生活を守ってはくれない、ということを感じ取った。私自身、震源地に最も近い宮城県で被災し、原発1号機が爆発してすぐに避難を決断した。移動を開始した三月一四日には3号機の爆発のニュースにも接し、もはや故郷には帰ることはないだろうと覚悟を決めた。

案の定と言うべきか、日本の政府は、どの政権に変わろうと、安全キャンペーンに徹した。原子炉・核燃料の破損状況は隠蔽され、放射能汚染の状況把握は遅れに遅れ、しかも汚染の程度とその健康影響については、調べる以前からあからさまに否定された。避難指示は原発周辺地帯の狭い範囲（二〇キロ圏内）に限られ、実際の放射能汚染はそれよりもはるかに遠く二〇〇キロ近くにまで広がったのだが、そうした地域の住民は「安全キャンペーン」のもと汚染地にとどめ置かれ、放射線の影響にさらされ続けた。避難をするにも自己判断・自己負担でするしかなかった。なお、核燃料が融け落ちるメルトダウンどころか、それが原子炉を突き抜けたメルトスルーであることが後々明らかになるが、それを収束させる目処はいまだ立っておらず、原子力緊急事態宣言は事故発生から丸八年が過ぎた現在も発令中である。

そうした原発事故を受けて、先の片岡恭子さんはやはりすぐさま日本を脱出しようとした。実のところ、『棄国子女』の冒頭はその場面から始まる。南米での経験から、「為政者と既得権益者の言うことを決して信用してはいけないことも、嫌というほどよく知っていた」。片岡さんは勝手知ったるメキシコへ向かった。「目に見えない劇毒にじわじわ蝕まれていくよりは、あからさまな暴力のほうがまだましだ。日本よりもずっと治安の悪いメキシコで、私はようやく落ち着きを取り戻した」、と。

逆に増田幸弘さんのほうは、二〇一一年はすでに移住先。原発避難については『棄国ノススメ』の末尾「エピローグ」で触れられる。原発事故のニュースに釘付けになりながら、海外避難・移民の可能性に思いを巡らせていた。現実には大量の海外避難が出たわけではなかったが、それでも一定数は海外に逃れ出た。ほとんど動かない現実と、それでも自分を変えようと動き出す一部の人たちを見て、増田さんはかつて阪神大震災を契機に国家への不信を強め移住を決断した自分を重ねる。「動機はもっと深いところにある。日本という国に絶望したのだ」と。

日本という国家そのものへの絶望。それには思い当たるところがある。

私自身、原発避難も経験し、避難・移住・保養の受け入れ活動の全国ネットワークを立ち上げて活動をしていると、まれに海外の受け入れ支援団体からも連絡が入ったり、あるいは、東アジアや欧米はもちろん、東南アジア、豪州、南米などに避難移住したといった話が聞こえてきたりする。たとえば、北アフリカのチュニジアに数世帯の震災避難移住者コミュニティがあるという話を、家財整理のために一時帰国した避難者から直接聞いたことがあった。その人自身は関東のなかでも汚染のとくに酷い千葉県柏市からチュニジアへ向かった避難移住者だったが、そのチュニジアのコミュニティにはほかに関西から来ている人もいるという。一般に関西は原発事故による汚染をほぼ免れており、東北・関東の汚染地帯からの避難移住者をもっぱら受け入れる側の地域と見られている。この関西からの海外移住者は放射能汚染から避難しているだけではなく、日本の政治・社会から避難しているということなのだ。メルトダウン事故が収束せず（融け落ちた核燃料の位置と形状も一部しか確認できず原発緊急事態宣言が発令中だ）、新たな放射性物質の漏洩が継続しているにもかかわらず、被曝の影響は終始否定し、既存の原発は再稼働へと舵を切っている。メルトダウンしたのは日本社会そのもの、日本人の思考回路だと言いたくもなる。日本という国への絶望、そこからの脱出、すなわち棄国。

しかし、生まれたのは絶望だけではないだろう。増田さんはこうも続ける。「社会が変わらない以上、自分を変えるしかないのだ。そして、自分を変えることではじめて社会が変わることに気づく。社会とは他者ではなく、自分そのものである。（…）なにかに依存せず、自分の足で立ち、歩こうと覚悟して移民する。震災の示した新しい移民のありようがそこにはある」

片岡さんのほうも、絶望のなかに希望を見つける。「3・11は日本という国が持つ同調圧力を露呈した。これは社会構造的なものというよりも空気だ。（…）他人と違うことやお上から与えられたものに疑問を抱くことさえ、この国では全部悪いことなのだ。（…）3・11を境にやっとその異様さに多くの人が気づき始めたことは、不幸中の幸いにして、この国に差すひとすじの光だと、日本人である私としては信じたい」

二人に共通するのは、しかし、脱出した先にどこか安住の場所があるというわけではない、という重要な点を指摘していることだ。片岡さんは、南米各地で災難続きであったことは先に書いたとおりだ。増田さんも、チェコで人間関係や仕事や子どもの学校の問題が重なり、スロヴァキアに再移住したが、その先でも深刻な問題はついてまわった。さらに言えば、原発移民についても、海外で理想郷を見つけたという話は聞かない。おそらくそんな場所は地上のどこにもないのだ。脱出した先で感じた新鮮な非日常は、時間とともに陳腐な日常と変わり、人間関係の新たな構築は同時に重荷にもなっていく。思い描いていた理想や期待は容易に裏切られる。だがそれでも変わらないのは、「ここではないどこかへ」という思いだ。

4 「棄民」か「棄国」か

「棄国」というのは、「帰国」と同音反意語であると同時に、「棄民」と表裏一体の言葉でもある。国が民を棄てるという意味の「棄民」。その逆に、民が国を棄てるのが「棄国」。しかし、棄民と棄国とは区別がつかないぐらいに同じ事態の両面だったり、あるいは、当人の意識の違いだったりする。

かつて日本の歴史のなかで、日本を棄てて、あるいは日本から棄てられて、海外に移民をしていった人びとが膨大にいたことは、周知のことのようでいて、しかし、各方面への移民がそれぞれの時代にいたというような断片的な認識にとどまっているように思われる。だが、日本の移民＝棄民の歴史は、すでに述べたように、明治維新＝明治元年から戦後まで綿密につながった全体像をもっているのだ。

日本からの最初の移民は、明治元年である一八六八年にハワイへ渡った一五三人だ。「元年者」とも呼ばれる彼らは、たんに開国による渡航の自由化で出た移民ではない。一八〇〇年代に入り、英米仏などの奴隷貿易大国でも奴隷制度廃止の動きが強まり、アメリカ合衆国では最終的に一八六三年に奴隷解放宣言がなされる。そうした動きのなかで、一八〇〇年代の半ばから中国やインドをはじめアジア地域からの「移民労働者」が急増していくのは、明らかにアフリカ系奴隷の「代用物」が必要とされたためだ。雇用する大農場の側ではアジア系労働者たちの扱いも、奴隷同然の極めて劣悪なものであった。当時のハワイは独立した王国ではあったが、すでに合衆国の白人農園主による大農場が進出し、サトウキビ畑と製糖工場を開発して、多くの労働移民を必要としていたなかでの最初の日本人移民であった。

一八八五年の移民条約からは、政府が募集・斡旋をする「官約移民」の時代になり、一八九四年に民間に委託されるまでの一〇年間に約三万人がハワイに渡航した。一九〇〇年にハワイがアメリカ合衆国に併合されると、移民の渡航先が急速に北米に傾いていく。しかし、急増するアジア系移民に対する排斥運動の結果、日本人の移民も一九〇七〜〇八年の日米紳士協約によって禁止され、結果として一九〇八年からのブラジル移民をはじめ中南米に移民先が変わっていく。

そのブラジルが日本人移民に制限をかけるのが一九三四年だが、ちょうど一九三一年に満州事変により中国東北部「満州」の全土を軍事占領、三二年に「満州国」を宣言するとすぐに満州移民政策が始まっていた。一気に移民の行き先が中南米から満州へと切り替わった。満州移民の国策は、第二次世界大戦の終わる一九四五年まで続く（最終的には二二万人が移民した）。

ただし満州移民の前史には、もう一つ、朝鮮半島の植民地化と朝鮮移民があったことも重要だ。日清・日露戦争はともに朝鮮半島の権益争いの戦争であった。すでに日本人の移住は始まっていたが、日露戦争によって日本が朝鮮を保護領化、事実上の植民地としたのが一九〇五年（併合は一九一〇年）。同時に、南満州の権益もロシアから奪い取った。以降、朝鮮植民地への移住は「国内移動」に準ずるものとなり、朝鮮移住がやはり国策として推奨されていた。満州は朝鮮半島とそのまま地続きであり、植民地拡大の延長線上にある。

次の大量移住の局面は、第二次世界大戦の敗戦による、満州・朝鮮半島・台湾などの植民地、その他軍事占領地などからの日本人の大量引き揚げによってもたらされる（軍人三五〇万人に民間人三〇〇万人、合計約六五〇万人）。敗戦直後の混乱と貧困のなかにあって、引き揚げによる人口の急増は、さらなる貧困層を創出し、戦後の移民運動再開を誘発する。サンフランシスコ平和条約による主権回復が一九五二年であり、各国との国交も回復され、中南米への戦後移民が再開される。一九五〇年代～七〇年代を通して、二〇万人以上が中南米などへ移民していったが、日本の高度経済成長を経て経済大国になっていくにつれて、移民の動きは終息していく。

以上が明治に始まる移民史、その行き先の変遷の概観であるが、そもそもこの一連の移民推進運動のなかで、「棄民」という言葉は誕生した。とりわけ、官約移民や国策移民は、あからさまに農村の過剰人口対策や不況・恐慌による失業者対策として政策的に海外に出されたのであり、しかもハワイであれ、中南米であれ、満州であれ、その環境や条件は過酷で、かつとても非人間的なものだったにもかかわらず（奴隷労働的だったり原野を開拓させられたり、あるいは現地住民の農地を奪ったり）、移民の募集にあたっては、あたかもそこに「豊穣な地上の楽園」が待っているかのような甘言が弄《ろう》されていた。端的に貧しさにつけこんで騙して、楽園などないのを承知で海の向こうに放り出したのだ。まさに「棄民」だ。「棄国」というのは「棄民」の意趣返しの造語である（と同時に片岡さんの著書では「帰国子女」の「帰国」と同音異義語でもある）。

明らかに政策的には棄民であっただろう。だが、海外に出ようと決意した人びとは必ずしもなすすべもなく振り回されたばかりではないだろう。

新田次郎の小説『密航船水安丸』のモデルとなった及川甚三郎は、北米（米国・カナダ）での日本人移民排斥運動の高まりで、日本政府からもカナダ政府からも渡航許可が出ないなかで（正式に移民禁止となるのは一九〇七～〇八年）、一九〇六年に故郷の宮城県北部地域から約八〇人を連れて密航を企てた。もともとは農家の三男として生まれ、川船運送業の家の婿養子となった。以降、同地域に初めて製糸業を普及させるなど、農家の収入を増やそうと新しい事業を模索していった。その流れで、カナダの塩鮭を日本に出荷する事業を発案し、カナダへの集団密航を実行するにいたったのであった。

日本を脱出したのは、寒村の農業者ばかりではなかった。炭坑労働者のルポルタージュで知られる上野英信は、『出ニッポン記』という大著で、炭坑の閉山によって職を失い、南米へ移民していった人びとを丹念に追った。坑夫たちはどの時代でも底辺労働者であり、過酷で危険な労働でありながら、会社の都合で容易に切り捨てられてきた。すでに第一回ブラジル移民（一九〇八年）のなかに元坑夫が確認されているし、一九三〇年前後の世界恐慌＝昭和恐慌による炭坑不況のときにも多くの炭坑離職者が移民している。戦後は、先に見たように最初の移民再開が、講和条約発効の一九五二年であり、一九五〇～五三年の朝鮮戦争が終わって「戦争特需」も終わると、また炭坑の閉山が進み、そこから南米移民が排出された。そして炭坑からの離職のピークは一九五九～六〇年の三井三池争議（大量解雇に対するストによる抵抗）の敗北であり、最後の南米移民のピークもこのときであった。そのときのことが『出ニッポン記』ではこう記されている。

> この国の地底深くにとじこめられた〝下罪人〟にとっては、三池こそ、呪われた日本という国の底の底であると受けとめられていた（…）。彼らはその底をぶち抜かないかぎり、みずからを救いだすこともできなければ、解き放つこともできないことを知っていた（…）。そして、国を棄てるべき秋《とき》がきたことを、深い慟哭のうちに悟らずにはいられなかったのであ

る。（…）まさに棄国とは、そのようにみずからを、この国のもっとも底部に生き埋めにした人間のみがとることのできる行動であり、思想でこそあれ、単に棄民があれば棄国があるというような論理のあやではない。

おわりに

明治元年から、すなわち近代国家の始まりから、戦中・戦後を経て、いま現在にいたるまで、「出ニッポン」の動きは、さまざまなかたちで続いてきている。国が民を棄てたのか（棄民）、民が国を棄てたのか（棄国）は、上野英信が書いていたように、峻別はできないし、表裏でもない。国はつねに民を棄てる。あからさまに排除されることもあれば、じわじわといつのまにか居場所を失っていることもある。そのことを自覚していることもあれば、無自覚のこともある。棄てられた側が、棄てられた状態から自らを救うために「棄国」という手段があるのだろう。そう明示的に名指すかどうかは別としても。

従来の同調圧力社会に加えて、二一世紀に入り「労働の自由化」の名の下の格差社会が追い討ちをかけはじめたところに、史上最悪の原発事故とその忘却強制がさらに重なった。棄民されたことに気づき、棄国を選ぶ人が日々出るのは必然的なことのように思える。それは、まさに絶望のなかにかろうじて見出される、小さく不確かな希望ではないだろうか。

第3章
ポストコロニアリズムは終わったのか

はじめに

「ポストコロニアリズム」という言葉をめっきり聞かなくなってしまった。一頃は「ポスコロ」と略して揶揄されるほど流行していた思想概念だったはずなのだが……。

しかし、これを書いているのは二〇一九年だが、前年をふり返ってみても思い出されることは山程ある。二〇一八年四月には南北朝鮮首脳会談が、六月には朝米首脳会談があり、朝鮮半島情勢が動き始めた。戦争下の日本企業が朝鮮や中国で労働者を強制動員したことに対して賠償を認める判決が同年一〇月に韓国で出されたことで日韓関係が悪化している。そして二〇一八年五月に建国七〇年を迎えたイスラエルとその占領下にあるパレスチナは、その建国記念に対するパレスチナ難民の抗議をきっかけに混迷を深めている。あるいは、やはり同年、一二月から沖縄では辺野古の埋め立て工事が強行され、在日米軍基地をめぐる沖縄県と日本政府との断絶がいっそう深まった。これらはすべて植民地支配ないし植民地主義の問題と切っても切れないはずなのだが、どうして（ポスト）コロニアリズムの議論が沸き上がってこないのだろうか。

そもそもなぜ朝鮮が分断されたのかを考えれば、日本による植民地支配とその解放はどうしても語らざるをえないはずだ。もともと一つの国家だった地域が植民地から解放されたのだから当然一つの独立国家となるべきだったのだが、東西冷戦のあおりを受けて、そして日本の「身代わり」として分断されてしまった。第二次世界大戦の同盟国であるドイツと同様に、日本は連合国のアメリカ合衆国、イギリス、ソ連、中華民国によって分割占領を受けるはずが、日本がアメリカの単独占領となったために、どうしても極東地域に利権と拠点を得たいソ連との妥協が求められ、米ソによって朝鮮半島が分割されたのだった。しかし、この一連の朝鮮半島情勢についての報道のなかで、日本の植民地責任についてメディアやコメンテーターが言及することは皆無であった。

元徴用工の賠償訴訟についても、冷戦下にアメリカ合衆国陣営内部の問題として植民地責任を曖昧にしたまま一九六五年に日韓基本条約が結ばれ、賠償の代わりとして日本政府が韓国政府に経済援助をおこなうことで国家間の請求権は放棄されたことが背景にある。しかし被害者個人が日本企業に賠償・補償を求める個人請求権は消滅していないことは日韓両政府がともに認めてきた。それを日本政府が強硬に覆し、報復として韓国に対し禁輸措置をとったことが最大の問題であり、根源には植民地支配の責任が、そしてこの報復措置には旧植民地・韓国を見下そうと振る舞う旧宗主国・日本という、ポスト植民地主義の問題が横たわっている。しかしやはり日本のメディアは、よくてせいぜい「双方のナショナリズムの衝突」扱いであり、大半が「一九六五年の日韓条約で解決済み（それを覆した韓国が悪い）」という日本政府の詭弁を垂れ流している。

南北会談と朝米会談が始まったのと同時期、つまり二〇一八年五月にイスラエルが建国七〇年を迎え（一九四八年五月建国宣言）、イスラエルによって故郷を奪われたガザ地区のパレスチナ難民たちが帰還権を訴えるデモを行なったところ、イスラエル軍は容赦ない砲撃と射撃を加え数日で一〇〇人を超えるパレスチナ人が虐殺された（二〇一八年中で計二〇〇人以上の死者）。そもそもイスラエルは、ヨーロッパで迫害を受けたユダヤ教徒たちが、欧米諸国の支援を受けて、イギリス委任統治領パレスチナに、先住アラブ人の存在を無視して強引に建国したものだ。ユダヤ教徒のヨーロッパ人が欧米の意向と利害を代理して集団で入植し、欧米の「飛び地」をつくったわけだから、植民地に等しい。そのために難民となったパレスチナ人たちが正当な帰還権を訴えるデモをおこなって虐殺されているのに、日本の新聞・テレビは一様に「双方の衝突」と報じた。

沖縄「県」には、すでに在日米軍基地が集中しているが、さらに辺野古に基地が、高江にヘリパッドがつくられつつある。そもそも琉球王国だった地域に対し、大日本帝国が武力を背景に琉球処分を敢行して以来、沖縄は日本の「内部」でありながら半分「外部」として従属させられている「国内植民地」でありつづけてきた。第二次世界大戦で「捨て石」として日本軍に利用され、戦後はアメリカ軍の占領統治に差し出され、一九七二年の「復帰」以降も、在日米軍基地を集中的に押し付けられてきた。沖縄は、アメリカ合衆国およびその従属的同盟国となった戦後日本の合作による二重の植民地主義の被害を被っている。だが、国内植民地論はすっかり鳴りを潜めてしまった。「本土」の日本人たちは海の向こうの出来事として無視をきめこむことができるわけだが、その態度こそが沖縄を国内植民地とみなしている証左ではないのか。

　さらに言えば、上記に挙げた朝鮮半島、パレスチナ／イスラエル、沖縄の事例は、どれも深く連関していて、全く別のこととして切り離して考えることはできない。というのも、植民地支配はそもそも帝国主義的な利害のなかで世界を分割支配することだからだ。そしてそうした視角を提供するのも、ポストコロニアリズム論の得意とするところだったはずだ。だが、単独でも語りえていないのだから、この三つの連関など論じられるはずもない。

　かつて、そう、すでに「かつて」になってしまったかのようなのだが、ポストコロニアリズム論が流行していた頃であったら、これらの出来事はまちがいなくポストコロニアル状況の産物として批判的に取り上げられていたはずだ。しかし、あきらかに認識論的な後退が生じている。いったいなぜここまで落ちてしまったのか。

1 植民地支配／植民地主義／ポスト植民地主義

ポストコロニアリズム Post-colonialism という用語の確認から始めよう。「ポスト」というのは、一般には「〜の後」を意味する接頭辞である。「コロニアリズム」はもちろん「植民地主義／植民地支配」。したがって、文字面だけで見ると、ポストコロニアリズムは、「植民地支配が終わった後」つまり「脱植民地化」を果たして独立国家となっていくことを意味すると思われがちである。しかしこれは誤解である。脱植民地化は、De-colonization の訳語であるはずだ。では、ポストコロニアリズムとは何か。

植民地支配は、支配をする宗主国側と支配を受ける植民地側との双方に、不可逆的な変化をもたらす。軍事・政治・経済的な支配のみならず、言語を含む文化習慣全般に対する支配をもたらすからであり、しかもそれが数十年、数百年におよぶからである。宗主国と植民地のあいだでは双方向的に人間の移動が大規模に生じ、さらにそれが複数世代にわたる。モノや制度が影響を受けるだけでなく、また、言語や宗教などの文化が変質するだけでなく、人間の価値観そのものが必然的に変化を被るのだ。

植民地支配を終えたと言っても、数十年前、数百年前の社会へと戻ることができるわけではないし、またその間の相互影響・変化を拭い取ることができるわけでもない（言語や宗教の変化は最も分かりやすい例だ）。そもそも「日本人である」とか「イギリス人である」といった自己意識でさえもが、もはや植民地主義を経験した後でしか成り立ちえないものと言える。なぜなら、植民地の領土化や喪失といったプロセスのなかで国民意識が形成されていくのであり、植民地主義のほうが国民意識の成立よりも時間的に先立っているからである。

　加えて、制度的には植民地支配を終えた後も、そもそも旧宗主国と旧植民地は関係を完全に断ち切ることにはなりえない。実際には、両者は植民地時代の影響を引きずった濃厚で特異な、そして歪な関係を継続することになる。とりわけ、労働力としての人間の越境的な移動についてはそうである。ときに「新植民地主義（ネオコロニアリズム）」という呼称で非難を受けるような、旧宗主国による旧植民地の労働力や資源の一方的利用が、独立以降も別な装いで継続することは少なくない。

　日本について言えば、第1章で論じたように、近代国家の成立の目安となる大日本帝国が始まる一八六八年の「明治維新」のときに、戊辰戦争という「内戦」があって、薩長同盟主導による新政府に服従せずに国家独立宣言を別におこなった奥羽越列藩同盟（現在の東北地方と新潟県）が戦争によって平定された。これを最初の「国内植民地」とみなすこともできるが、もちろん一般的に「植民地」として認識されることはない。

　とはいえ、二〇一一年の東日本大震災で、東京電力の原子力発電所が、福島県・青森県・新潟県に建設されている事実に鑑みて、首都圏の電力供給源として利用しながら事故による深刻な汚染リスクを遠方の地に押し付けている構図が「植民地主義」的であることは指摘されるようになった。明治時代以来、東北地方は、首都圏に対する米と労働力と電力の「供給地」でありつづけてきた、というわけだ。

また、一八六八年の明治維新の時点では、アイヌモシリ（現在の北海道と千島と樺太）と琉球王国（現在の沖縄県）は日本の領土には入っていない。一八六九年に旧幕府軍が函館で「蝦夷共和国」とも呼ばれる政権を樹立したが、函館戊辰戦争によって平定され、北海道一一国八六郡が置かれることとなった。その北海道開拓には、戊辰戦争に破れた東北地方の旧藩士がまずは動員されていった。

一八七五年に樺太・千島交換条約で、千島列島が日本領になり、日露戦争で一九〇五年に樺太（サハリン）を全面占領、講和条約で南樺太（北緯五〇度以南）を領土編入。一九四五年の第二次世界大戦の敗北によって、千島列島と南樺太を放棄して現在にいたる。

これらの土地については、ロシア帝国およびソヴィエト連邦とのあいだで領有を争ったのだが、しかしより根本的には、アイヌやニヴフやウィルタといった北方先住民の土地に対する植民地的支配の主導権をめぐって二つの帝国で争ってきたわけだ。実際、千島や樺太にも和人や朝鮮人の開拓民が動員された一方で、猟場・漁場を収奪され、またスパイと疑われた先住民は強制移住を強いられ根こそぎにされた。第二次世界大戦後に千島・樺太から日本人は引き揚げて保護されたが、朝鮮人はソ連統治下に取り残された。ソ連が引き揚げ対象者を日本人と限定した一方で、朝鮮人は戦後に日本国籍を外され放置されたためだ。帝国間での分断と離散である。

琉球王国に対しては、一八七二年の琉球藩の設置、七九年の沖縄県への移行という、二次にわたる琉球処分によって、王国の廃止と日本への併合がおこなわれた。これについても、植民地政策と公的には呼ばれることはない。しかし、その後の農地制度や租税制度の押しつけが貧困を生み、日本本土ならびに日本国外への大量移民を生み出し（都道府県ごとの人口比の移民率は全国一位）、第二次世界大戦時の「捨て石作戦」、戦後のアメリカ合衆国統治と、その後現在まで続く米軍基地の極端な集中・押しつけ、基地建設過程における地方自治の否定は、疑いなく沖縄が国内植民地であり続けていることを物語っている。

おそらく一般的な定義での「植民地」に該当するのは、台湾と朝鮮だろう。ただし、これについても公的に「植民地」と呼ぶことはない。台湾は日清戦争の結果として一八九五年に清朝中国から「割譲」、朝鮮については日露戦争の結果として一九〇五年に大韓帝国を「保護国」とし一九一〇年に「併合」。いずれにせよ、正式な日本の「領土」であるというタテマエを取ったが、しかし現実的には、日本本土＝「内地」とさまざまな格差をつけられた「外地」扱いであったし、独自の政治・経済・文化を徹底して否定され、日本が支配し利用する対象に貶められた明白な「植民地」であった。そして台湾については実質五〇年間、朝鮮については実質四〇年間におよぶ植民地支配のあいだに、二度の世界大戦を経た総力戦体制があり、台湾・朝鮮は食糧供給地＝農業植民地としてますます組み込まれていき、最終的には両植民地からの戦時動員（徴用工や徴兵）へと至った。そうした体制のもとで、両植民地（外地）と本土（内地）とのあいだでは大規模な双方向での人間の移動があり、しかもこの数十年にわたる支配のあいだに世代を跨ぐ移住者コミュニティの展開があった。一九四五年の日本の敗戦後も、日本に在日台湾人・在日朝鮮人のコミュニティが継続したゆえんである。

戦後台湾の歴史をここで俯瞰してみよう。中華民国を建てた国民党と新しい共産党とが一九二〇年代から内戦を始め、抗日戦争でいったん両党は協力（国共合作）するも、第二次世界大戦後に国共内戦が再開、敗北した国民党が日本統治から解放された台湾に逃げ込んだために、大陸中国＝共産党の中華人民共和国、台湾＝国民党の中華民国という「二つの中国」が生み出された。台湾の側では、もともとの福建語系の台湾語と客家《はっか》語、先住民諸語に加えて、植民地時代の日本語と、戦後国民党支配による北京語が入ってきた。異なる地域やコミュニティや階層や世代のあいだで複雑な使用言語状況を生み出し、また台湾人／中国人のアイデンティティの抗争をも生み出した。

そして戦後朝鮮については冒頭で触れたとおり。第二次世界大戦後、植民地から解放されたはずの朝鮮が、アメリカ合衆国の単独占領となった日本の「身代わり」に米ソによって分断統治され、そのまま一九四八年に大韓民国と朝鮮民主主義人民共和国が建国され、国家の正統性をめぐる対立を抱えたまま現在にいたる。ロシアの時代から東アジア地域に進出する野心があったソ連は、日本の分割に失敗したため、朝鮮半島については強く固執した。植民地解放から独立国家へという流れのなかで分断が持ち込まれたのであった。「二つの中国」「二つの朝鮮」ともに、日本の植民地支配の清算のプロセスで生じた、まさにポストコロニアルな事象であると言える。

さてほかに、日本の植民地主義に関わる問題としては、第一次世界大戦の勝敗の結果として、一九二二年に旧ドイツ植民地から日本が「国連委任統治領」として獲得した南洋諸島（現在の北マリアナ諸島・パラオ・マーシャル諸島・ミクロネシア）および一九三二年に傀儡の「独立国」となった満州国（現在の中国東北部）とがある。紙幅の都合で詳述はしないが、いずれも植民地と称さないが実質的な植民地であった。

とりわけ第一次世界大戦以降は「民族自決」の原則から公然と領土併合をするような植民地支配は認められなくなり、そうであるがゆえに、「国連から統治を委任された」というお墨付きを必要としたり、「独立国家であって植民地ではない」という名分を必要としたりしたのだが、これは抜け道と言うほかない。

以上を概観するだけで、どれだけ日本の近代が植民地的なものに徹底して形づくられてきたかが明白だろう——たとえ「植民地」という表記を公的には用いていなくとも。これが「植民地的近代」と称されるゆえんである。

ところで、日本は一九四五年の第二次世界大戦の敗北で、「すべての植民地を放棄させられた」とされる。それであたかも「元に戻った」かのような語りだが、もちろんそんなはずはない。東北・北海道・沖縄は「本来の日本」だろうか。台湾・朝鮮半島の複雑な文化・政治・経済の状況は日本の植民地支配を抜きに語れるだろうか。

いまも終わらぬ東北地方の放射能汚染の問題、絶えることのないアイヌ差別の問題、なおも押し付けられる米軍基地の問題、七〇年にわたる「二つの中国」と「二つの朝鮮」の緊張し錯綜した状況、これらすべてがまさに「ポストコロニアルな状況」そのものなのである。

2 ポストコロニアリズム論の登場

日本の言論空間に「ポストコロニアリズム」という用語が登場したのはいつ、どのような文脈でだろうか。

ポストコロニアル批評の先駆と評されるフランツ・ファノン（一九二五～六一：仏領マルティニーク生まれ、アルジェリア独立運動に身を投じた精神科医・革命家）の最初の翻訳は一九六八年の『フランツ・ファノン集』であり、ポストコロニアル理論を確立した書とされるエドワード・サイード（一九三五～二〇〇三：パレスチナ生まれ、アメリカ合衆国の文芸批評家）の『オリエンタリズム』が翻訳されたのが一九八六年であるが、しかし、日本語で「ポストコロニアリズム」という言葉はこれらの時点ではまだ使用されてはいない。

一般に流通する書籍で最初に「ポストコロニアリズム」を意味する言葉をタイトルに持ったものは、おそらく一九九二年に刊行されたガヤトリ・スピヴァク『ポスト植民地主義の思想』であろう（原書は一九九〇年）。スピヴァクはその後、植民地下で政治的・経済的・文化的に疎外された人々「従属的集団《サバルタン》」を主題化したサバルタン・スタディーズや『ポストコロニアル理性批判』などによってサイードと双璧をなすと評される、インド出身の思想家である。同一九九二年には、サイードやスピヴァクの翻訳を総特集に含む雑誌『文藝 別冊 越境する世界文学』が刊行されており、ポストコロニアリズムを主題とした論考が複数収められている。

しかし、一気に刊行物が増えるのは、一九九五年からである。ベトナム出身の詩人・映像作家のトリン・ミンハの『女性・ネイティヴ・他者――ポストコロニアリズムとフェミニズム』の翻訳が一九九五年、『現代思想』でサイードの特集を組んだのが一九九五年、以降『現代思想』は、「カルチュラル・スタディーズ」（一九九六年）、「クレオール」（一九九七年）、「ブラック・カルチャー」（一九九七年）、「スチュアート・ホール」（一九九八年）、「文化節合のポリティクス」（一九九八年）、「スピヴァク」（一九九九年）と毎年一～二冊ほど、ポストコロニアリズムに密接に関わる特集号を刊行しつづけた。『批評空間』が「ポストコロニアルの思想とは何か」を特集したのが一九九六年、論集の『〈複数文化〉のために――ポストコロニアリズムとクレオール性の現在』が刊行されたのが一九九八年だ。

一九九二年以降や一九九五年以降という年号の意味は、端的に「冷戦後」ならびに「戦後五〇年」だ。一九八九年にマルタ島での米ソ首脳会談で「冷戦の終結」が宣言され、一九九〇年に東西ドイツの統一、一九九一年にソ連邦の崩壊がある。冷戦体制が厳然としてあった時代では、最重視されるのが資本主義と共産主義とのあいだのイデオロギー対立であり、同陣営内部での結束である。日本と韓国、日本と台湾のあいだに突き刺さった棘であるポストコロニアルな諸問題は、対共産圏での親米陣営内の「些末ないざこざ」として黙殺されてきた。

さらには、イデオロギー対立以外の要素、たとえば民族差別や女性差別なども、冷戦下では二の次の問題として軽視ないし無視されてきた。例えば日本軍「慰安婦」問題の表面化は、まさにこうした事情による。一九九一年に韓国で金学順《キムハクスン》さんが、一九九二年には在日朝鮮人の宋《ソン》神道《シンド》さんが、実名で元「慰安婦」として名乗り出た。冷戦構造のなかで日本も韓国もともに戦後復興そして富国強兵および陣営内結束が優先され、一九六五年の日韓基本条約によって戦後補償の問題は日本から韓国への「経済援助」のかたちで妥結が図られ、個別ケースへの補償はなされないまま決着してしまっていた。これに対して異議申し立てがなされたのが、一九九一、九二年から始まる当事者による告訴であった。冷戦が終わり、ようやく旧宗主国と旧植民地の関係、民族差別と女性差別、それらの複合的な問題としての元「慰安婦」問題を表沙汰にすることができたのであった。

加えて、一九九五年というのは、日本にとって「戦後五〇年」であることが重要である。というのも、ヨーロッパの植民地が主に一九五〇年代から六〇年代に独立していったのに対して、日本の植民地は一九四五年の敗戦と同時に放棄されることになったからである。すなわち、「戦後」とポストコロニアリズムが同時に始まったのであり、冷戦でさんざん回避することが許されてきた戦争責任と戦後責任が、戦後五〇年であらためて問い直されることになったときに、ポストコロニアリズムもまた初めて正面から問い直されることになったのである。一九九五年からポストコロニアリズムの議論が加速するのには歴史的必然性があっただろう。

　ここで私自身の体験的なポストコロニアリズム論との遭遇に触れたい。私は、一九九三年に、当時住んでいた地元の宮城県にある東北大学に入学し、一九九五年を学部三年生で迎えている。先述の宋神道さんが東京地裁に提訴し、裁判が始まったのは一九九三年。宮城県では宋さんの「地元」ということで、裁判を支える市民の会ができた。私は、まもなくこの活動に参加し、公判のたびに東京地裁に通うことになった。大学生になるなり、まさにポストコロニアリズムの問題を丸ごと体現したような人に出会ったのであり、裁判が終わるまで支援傍聴を続けて、この問題に向き合うこととなった。

「戦後五〇年」の一九九五年、私は、哲学科に在籍しながら、ナショナリズムと歴史認識論の実践的な課題に立ち向かうこととなった。「戦争の記憶」と「歴史叙述」との関係、「国の正史＝歴史物語」と「個人のオーラルヒストリー」との関係を読みとき、このことを原理的・理論的に考えつつ、現実の歴史修正主義者・歴史否定主義者にどう対処するのかが問われていた。「新しい歴史教科書をつくる会」など、あからさまな国家主義的・右派的な歴史修正主義者グループが台頭してきていた。

同じく一九九五年には、沖縄で米兵による少女暴行事件を契機に、大規模な反基地運動が盛り上がり、日米地位協定によって事件を捜査する権限もないという不平等性があらためて問題視されていた。沖縄が「憲法番外地」であるという現実をまざまざと見せつけられた。一九九七年には、北海道旧土人保護法が廃止され、代わってアイヌ文化振興法が制定されたが、同化主義的にアイヌを劣った「土人」扱いする法律が一八九九年以来約一〇〇年も存続していたことに驚かされた。

大学院生になって親しくなった台湾からの留学生たちの案内で、二〇〇〇年に台湾を訪れたときには、ちょうど総統（大統領）選挙のタイミングで、初めて国民党が下野し台湾独立派の民主進歩党が勝利した選挙に携わることとなった。台南の田舎に行くと、友人らは「観光案内などしていられない。選挙カーに乗れ」と言い、私は党カラーの緑のジャケット、帽子、旗を渡されて、簡単な台湾語で「多謝《ドゥオシアー》、多謝《ドゥオシアー》」と街頭に向けて連呼させられていた。台南の選挙事務所では、植民地時代に日本語を学ばされたという老人が、日本語で選挙情勢や台湾独立派について熱心な解説をしてくれた。台湾のポストコロニアル状況を身をもって体験した。

この学生時代（学部と修士）を通して、私は学問分野でのポストコロニアリズム論の流行と、東アジアの現実のポストコロニアル状況とを、同時進行で受けとめていたと言える。そのことには歴史的必然性を感じていたし、現代史の一部をなしているこの時代を分析的に捉える方法論として、かつ思想的態度としてポストコロニアリズムに共鳴するところが、自分自身に当時たしかにあった。

3　熱い議論の時代

ポストコロニアリズム論はこのようにして、一九九〇年代のポスト冷戦期に日本語圏で姿を現し、一九九〇年代後半のポスト戦後期に勢いを増していった。先述の雑誌の動向に加えて、さらに『思想』および『社会文学』では一九九九年に、『解放社会学研究』では二〇〇〇年に、『情況』では二〇〇二年に「ポストコロニアリズム」の特集号を組んでいる。同時期の単行本としては、アッシュクロフト、グリフィス、ティフィンによる『ポストコロニアルの文学』の翻訳が一九九八年、アーニャ・ルーンバ『ポストコロニアル理論入門』の翻訳および小森陽一『ポストコロニアル』がともに二〇〇一年の刊行だ。

この時期の後、英文学者の本橋哲也さんが立て続けに、ガヤトリ・スピヴァク『ポストコロニアル理性批判』の翻訳（二〇〇三年）およびホミ・バーバ『文化の場所――ポストコロニアリズムの位相』の翻訳（二〇〇五年）の大著を共訳で刊行し、ロバート・ヤングの入門書『ポストコロニアリズム』の翻訳を刊行し（二〇〇五年）、自ら岩波新書の『ポストコロニアリズム』を刊行する（二〇〇五年）。さらにその後、二〇一〇年ぐらいまでのあいだに、様々な研究者の

「ポストコロニアリズム」をタイトルにもつ人類学やジェンダー論や文学論や思想論が、次々と刊行されている。日本語圏でポストコロニアリズム論が最も生産的だった時期が、二〇〇〇年代ということになるだろう。

この時期、ポストコロニアリズム論をめぐる議論の展開において重要な役割を果たしていたのが台湾・中国研究者の丸川哲史さんだと個人的には思っている。象徴的なのがいずれも二〇〇一年に作品社から刊行された二冊の論集で、姜尚中（編）『思想読本　ポストコロニアリズム』と、東アジア文史哲ネットワーク（編）『〈小林よしのり『台湾論』〉を超えて』と、それをめぐる動きだ。私自身も両著の周辺で執筆参加をしており、その範囲で見聞きしたことを、その当時の記憶に頼って記しておきたいことがある（当時の記録が見つからないので、記憶違いもあるかもしれない）。

前者は、在日朝鮮人の政治学者で当時からマスコミによく登場していた東京大学教授である姜尚中さんを編者に据えていたが、企画者、実務的に動く参謀の役割を果たしていたのは『台湾、ポストコロニアルの身体』を二〇〇〇年に刊行してまもない丸川さんだった。後者の編集主体である「東アジア文史哲ネットワーク」も事実上の旗振りは丸川さんであった。

『思想読本　ポストコロニアリズム』は、論考のほか、座談、用語解説、ブックガイドなどを含む総合的な書物であり、当時ポストコロニアリズムに関心をもつ大御所から大学院生まで多くの研究者が参加した、ポストコロニアリズム論の趨勢を象徴する一冊であった。この出版記念のシンポジウムは、東京大学（本郷）の大教室を使っておこなわれたのだが、立ち見の大盛況だったことが、この時代の空気をよく伝えている。後述するように現在では残念ながらありえない事態であったと思う。

『〈小林よしのり『台湾論』〉を超えて』のほうは、一九九八年に刊行された小林よしのり『新・ゴーマニズム宣言SPECIAL　戦争論』が、日本の戦争を欧米支配からアジアを解放するための正義の戦争だとして「大東亜戦争肯定論」を展開して物議を醸したのに続いて、二〇〇〇年に刊行された『新・ゴーマニズム宣言SPECIAL　台湾論』が、「台湾＝親日」という短絡に基づいて、植民地支配は近代化に貢献し台湾からも感謝されているという「植民地支配肯定論」を主張して話題となっていたのを受けて、それに反論を加えるために編まれた論集である。三〇名を超える日本・台湾・中国の研究者が参加したが、丸川さんや姜尚中さんをはじめ、そして私も含めて、同年に同じ作品社から刊行された『思想読本　ポストコロニアリズム』と執筆陣が一部重なっており、この両論集が意識して取り組まれた思想運動であることを示している。

この台湾論批判論集が刊行された過程で、特筆すべき出来事があった。短くまとめるには微妙な事柄であるため、事実だけを記すと、執筆予定者であった沖縄史研究者の森宣雄さんが、台湾独立派（国民党が復活を夢見る大陸の「中華民国」ではなく、台湾に暮らす人のための「台湾国」を目指す）に関する他の執筆者たちのスタンスに違和感をもち、結果として執筆陣から降りて単独で『台湾／日本　連鎖するコロニアリズム』を、二〇〇一年に書き下ろしで刊行するに至った。森さんは、右派の「台湾＝親日」的言説を批判するだけでなく、左派知識人らもまた台湾独立派の訴えに耳を傾けてこなかったことが台湾独立派を追い込み日本の保守派へ接近させたと指摘、反省的な視点を他の執筆者たちに求めていたと思う。

さらに、同書の合評会が、『思想読本　ポストコロニアリズム』刊行記念シンポジウムと同日、それも東大本郷キャンパスから徒歩数分の会場で開催されることとなった。姜さんや丸川さんが仕切る『思想読本　ポストコロニアリズム』のシンポジウムのほうは、在日朝鮮人の作家である金石範さんがゲスト講演をし、執筆者でもある沖縄研究者の野村浩也さんが米軍基地の日本本土への持ち帰りを提起し、二〇〇一年〈9・11〉直後の「テロとの戦争」が社会を包む緊張感を反映するような集いであった。

他方で、『台湾／日本　連鎖するコロニアリズム』の合評会のほうでは、評者に植民地期台湾の研究者である駒込武さん、沖縄研究者の冨山一郎さん、第三世界論者の太田昌国さんが揃い、そして在日台湾独立派の林建良さんがゲストとして演説をした。フロアからは、在日朝鮮人の作家であり日本の植民地主義を論じてきた徐京植さんが、生身の台独派を前に歯切れの悪くなる評者らに対し批判的な発言をするなど、こちらの会場もひじょうに緊張に満ちていた。

当時まだ大学院生であった私は、目と鼻の先にある両会場を右往左往するしかない小兵だったが（実際、両会場を往復しながら様子をうかがっていた）、いま思い起こしてもこれらは、日本におけるポストコロニアリズム論のピークを象徴するイベントだった。

4　そして失速

残念ながら、その熱い時代は過ぎ去ってしまった。ポストコロニアリズムはその後明らかに退潮し、正面からこうした議論をする単行本や雑誌の特集がほとんどなくなってしまった。二〇〇〇年代半ばから後半にかけてはまだ重要なポストコロニアリズム論が相次いで刊行されていた。一定の議論の進展や成熟があったはずだ。しかし、二〇一〇年代に入ると、一気に論壇は静かになってしまった。何が起きたのだろうか。

その変化にはいくつかの要因を挙げることができるだろう。

最も大きいのは、二〇一一年の東日本大震災の衝撃と反動だろう。これ以降、明らかに日本社会は内向きになった。余力を失くしたため、そして復興ナショナリズムのためと、とりあえずは言えるだろう。もちろん福島県生まれで宮城県で被災し、避難移住を体験した私には、東京電力の福島原発の深刻な事故から青森県の六ヶ所村核燃料再処理施設の電源喪失事故までが、東北地方の植民地的性格を露呈した事件として記憶されている。核エネルギー開発をめぐる世界規模の野望や思惑が暴露される契機にもなっただろう。しかし全体としてみれば、日本社会は、自国第一の復興ナショナリズムへと内向化していったと言わざるを得ない。

次に、東アジア関係の悪化も考えなくてはならない。二〇一二年に石原慎太郎東京都知事が、中国・台湾・日本のあいだで領有争いのある尖閣諸島（釣魚群島）の買い取りと国有化を提言したことをきっかけに、いわゆる「反日デモ」が中国で吹き荒れた。同年、日本政府が実際に国有化を実行したことで、さらに反日感情を煽った。これは文化交流や経済関係にまで打撃を与えた出来事であったが、なによりも日本が領土ナショナリズムを優先し、かつ自らに正義があると思い込んでいることを内外に示すことになった。

二〇一四年に朴裕河『帝国の慰安婦』が翻訳刊行された際の、日本側の左派・和平派の知識人の躓きも大きかった。著者は、韓国の日本文学研究者でいわゆる親日派と言っていい。文学的レトリックで、自分は右派と左派の歴史認識の対立を超えるとか、植民地の支配（加害）と被支配（被害）の二項対立を超えるとか、慰安婦をめぐる「性奴隷」対「売春婦」の対立イメージを超える、といったことを主張したが、『帝国の慰安婦』は、植民地支配における日本と朝鮮の「共犯関係」、および日本兵と朝鮮人慰安婦との「同志的連帯」を強調することで、日本側の戦争責任を免罪。その返す刀で、「被害者面」する韓国のナショナリズムを韓国内部から批判したために、日本の左派知識人らが「ナショナリズム批判をする自らのカウンターパートを見つけた」と言わんばかりにこぞって絶賛する事態が生じた。

私自身は、日本の戦争責任・植民地責任を曖昧にするこうした言説には徹底して批判的であり、「対立を超える」というレトリックも実証を無視した詐欺だとみなしている。しかし、実際に『思想読本　ポストコロニアリズム』に執筆参加していた何人かは朴裕河礼賛に、逆に私をも含む数人が先鋭的な批判に回り、ある種の分断状況が生まれてしまった。これは、二〇〇一年当時の緊張に満ちたポストコロニアリズムをめぐる議論の展開とはまた別の緊張状態ではあるのだが、歴史認識と分析においては明らかな後退であり、議論においては停滞を生んだのは確かだ。

『思想読本　ポストコロニアリズム』の編者でもあり牽引役でもあった姜尚中さんの内向化も象徴的であったと思う。個人的事情もあるだろうから何とも言い難い部分もあるが、冷戦の終わりで表面化した戦後五〇年の諸問題を分析した一九九五年の『ふたつの戦後と日本』、日本のアジア認識における支配的な歪みを批判した一九九六年の『オリエンタリズムの彼方へ』のころから、『思想読本　ポストコロニアリズム』のころにかけての問題意識はきれいに消えてしまったかのような印象を受ける。『悩む力』（二〇〇八年）以降は、すっかりお悩み相談室の先生に収まってしまっている。

その他にも、探せばまだいくつかの特徴的な変化や要因を挙げることはできるだろうが、このあたりにしておこう。共通しているのは、「内向化」と言えるだろうか。個人のレベルでも、学界のレベルでも、政治のレベルでも。ポストコロニアリズムが重視してきたはずの、〈他者〉との関係性を、〈他者〉をそのような存在たらしめている力関係を、政治的・歴史的にかつ自己批判的に分析するということが、失われてしまったのだ。

おわりに

　実は、その姜尚中さんと少し前に十数年ぶりに再会した。友人らと共訳して二〇一八年に刊行したハミッド・ダバシ『ポスト・オリエンタリズム』を、『オリエンタリズムの彼方へ』の著者である姜さんに読んでもらえたら、と思ったからだ。ダバシはイラン出身のアメリカ在住の批評家であり、エドワード・サイードの同僚でもある。本はそのタイトルからしてもサイードを継承しようという野心作であった。そして訳者はみな『思想読本　ポストコロニアリズム』の参加者である。

　ダバシ『ポスト・オリエンタリズム』をめぐる鼎談があり、翻訳を中心的に担った私と洪《ホン》貴《キ》義《ウイ》さんが、姜さんを迎える形でおこなわれた。かつて緊張感に包まれたあのシンポジウムから一七年。残念ながら当時のような切れ味の鋭さはもはや失われていた。むしろ震災以降の日本社会のポストコロニアリズム論の退潮・空白を再確認する機会だったように思う。これから仕切り直しである。

　折しも二〇一八年は、南北朝鮮で首脳会談がもたれ、さらに朝米首脳会談、朝中首脳会談と積み重ねられた年であった。朝鮮戦争の終戦（現在は「休戦」）と関係各国の関係構築、そして南北統一に向けての議論が始まっている。日本が完全に蚊帳の外に置かれていることは、きわめて象徴的であるが、必然的でもある。それは、ポストコロニアリズム論の退潮・空白と一致しているのだ。その帰結として、二〇一九年には、先述のように日本政府が韓国に対して禁輸措置をとり、敵対関係を煽っている。植民地責任を闇に葬りたいのと、おそらくは、朝鮮半島の和平ムードに水を差し妨害することで、蚊帳の外に置かれた日本の存在感を示したいという、ひじょうに稚拙で身勝手な政策だと言える。

その意味でも、まさにいまポストコロニアリズム論の出直しが必要なのだと痛感する。

第4章　「美しい国」の移民政策

はじめに

♪頑張れ日本　凄いぞ日本　頭のいい国　日本

数年前に小中学生たちが口ずさんでいるのを聞いて以来、耳にこびりついてしまったポップソングの歌詞の一部である。とりわけこのフレーズが抜き出されて口ずさまれるが、最近携帯電話の着信メロディに使っている中学生がいたせいで、また思い出してしまった。

気になって調べてみると、二〇〇八年に発売された曲で、テレビ番組のために作られた「アラジン」というユニット（二つのグループの合同）が歌った、「陽は、また昇る」という曲らしい。発売から一〇年も過ぎてなお、小中学生に口ずさまれるこの曲、このフレーズは、いったいどういう魅力をもつのだろう。このあからさまにナショナルな自画自賛は、どこから出てきて、どうして歌われつづけているのだろう。

1　二人の首相の日本論

まず「陽は、また昇る」の発売時期と歌詞内容からすぐに連想されることは、二〇〇六〜〇七年に首相を務めた安倍晋三が、二〇〇六年に『美しい国へ』を刊行していることと、二〇〇八〜〇九年に首相を務めた麻生太郎が二〇〇七年に『とてつもない日本』を刊行していることである。いずれの著書も保守系の大手出版社から出された「日本礼賛」の本であり、新書サイズで安価に売られ簡単に読める厚さである点も共通している。ちなみに、この二人はその後、二〇一二年から第二次安倍内閣を発足させ、麻生はその副首相を務めている。そして安倍の祖父は岸信介であり、麻生の祖父は吉田茂である。すなわち、エリート中のエリート家系の世襲政治家だということになる。

この二人の政治家が相次いで二〇〇六、〇七年に日本礼賛の書を刊行した。このことと、〇八年に「陽は、また昇る」が発売されてヒットしたこと（その年末のＮＨＫ紅白歌合戦でも歌われた）は無縁ではないだろうし、二〇一二年から安倍＆麻生コンビで第二次安倍内閣が発足し長期政権となっていることと、同曲が長く口ずさまれていることも、やはり強い連関があるだろう。

この偏狭なナショナリズムの高揚は、その前の小泉純一郎内閣の時代にさかのぼる。小泉は首相に就任した二〇〇一年、八月一三日に靖国神社に参拝し「内閣総理大臣」の肩書きで記帳し、任期最後の年の二〇〇六年には八月一五日の「終戦の日」に公式参拝をした。靖国神社には、多くの戦争犯罪者が「英霊」として祀られているために、当然ながら小泉参拝は、日本によって植民地支配を受けたり、軍事攻撃を受けたりしたアジア諸国の強い反発を招いた。

また二〇〇五年には、韓国との独島／竹島領有権争いや歴史教科書問題を契機に、アジア各地でいわゆる反日デモが吹き荒れ、日本とアジア諸国とのあいだで軋轢が高まった。さらに同種の反日デモは、二〇一二年に石原慎太郎東京都知事が、中国および台湾とのあいだで領有権争いのある釣魚群島／尖閣諸島を都で購入する構想をぶち上げ、同年、日本政府が購入し国有化したことで、再燃することとなった。

「陽は、また昇る」の発売とヒット、そして息の長い人気は、こうした文脈から見れば、むしろ時代の空気、政治社会の動静を反映したものだと言える。安倍晋三が連呼したスローガンは、「美しい国」とともに「日本を、取り戻す」であったが、それは「陽は、また昇る」の歌詞で何度となく連呼されるフレーズに「美しく高く飛べ　誇り取り戻すために」とあるように、「美しい」と「取り戻す」というところで見事に呼応している。

2　日本人が発明した？

さらに「陽はまた、昇る」の歌詞の内容については、麻生太郎の『とてつもない日本』のほうとも合致する。冒頭で引用した、最も口ずさまれているフレーズ「頑張れ日本　凄いぞ日本　頭のいい国　日本」の後に続く歌詞は、「インスタントラーメン　缶コーヒー　カラオケ　この国考えた」であり、またリフレインの後では「シャープペンシル　新幹線　胃カメラ　この国考えた」である。他方で麻生の本の「はじめに」にはこうある。

> トヨタ、ソニー、カラオケ、マンガ、ニンテンドー、Jポップ……。「ノーキ」や「カイゼン」が、世界の経済にどれだけ貢献しているか。インスタント・ラーメンやカップ麺が、どれだけの人を救ったか。

並べたモノに異同はあるが、基本的な発想は同じだ。日本（人）の発明がいかに偉大かということを自画自賛している。だが、不思議なのはなぜそこまで「日本」ということを強調する必然性があるのだろうか、という点だ。近現代の技術開発について純粋に日本国産ということはありえず、「日本」を連呼することはむしろ不自然である。

具体的に考えてみよう。インスタントラーメン、カップ麺を発明したとされる日清食品の創業者である安藤百福は、日本が植民地支配する台湾に生まれた台湾人、呉百福であることは広く知られている。戦後は中華民国籍の在日台湾人となり、一九六六年に日本国籍を取得し日本人の妻の安藤姓を名乗るようになった。これは「日本人」が発明したものなのか？　二〇一八年にＮＨＫの朝の連続ドラマ「まんぷく」では安藤夫妻がモデルとなったが、しかし台湾ルーツは一切触れられることはなかった。安藤自身が台湾との繋がりを強調していなかった背景もあろうが、「日本人による世界的発明」というナショナルな物語に重きがおかれたと言える。

缶コーヒーについては、一般にヨシタケコーヒー店の三浦義武が一九六五年に開発したとされる。しかし、一九世紀後半にはアメリカ合衆国の会社がすでに開発していた歴史があり、一九四二年にはアメリカ合衆国特許商標庁で缶コーヒー製造法の特許が取られている。たしかに広く売れるような工夫をしたのは一人の日本人だったかもしれないが、これも「日本人の発明」なのかと考えると、強引な歪曲と感じられる。

シャープペンシルについては、後に「シャープ」の社名を名乗る早川徳次の早川金属工業研究所が一九一五年から一九二〇年のあいだに開発・改良をしたことが知られており、おそらく「シャープ」の社名のためにシャープペンシルが「日本人の発明」であるという俗説が生まれたのだろう。だが、さまざまな方式のシャープペンシルはすでにその一〇〇年ほど前の一八二〇〜三〇年代から、イギリスやアメリカ合衆国で開発・発売されている。「日本人の発明」ではまったくない。

新幹線についてはそもそも鉄道技術の基礎が、明治時代初期にイギリス（とくに蒸気機関車）から、そして戦後にアメリカ（とくに電気機関車）から導入されており、その基礎の上での高速化および新しい独立軌道が「新幹線」なのであって、ゼロから新幹線を「発明」したわけではないのは言うまでもない。しかも、最初の高速鉄道開発は、日中戦争下の南満州鉄道いわゆる満鉄によって始められており、当然その開発は欧米各国の先行する高速鉄道を徹底して研究することで行なわれたのである。一九六四年開通の新幹線だけをことさらに取り上げて「日本の発明」とするのは世界史を無視した短絡と言える。

これ以上はあまりに細かくなるので、軽く触れるだけにするが、他に歌われているカラオケにせよ胃カメラにせよ、日本独自開発の技術ではない。カラオケはそもそも楽団の生演奏の代わりに録音音源を用いることを指す一般的な放送手法であり（「空（カラ）」の「オーケストラ」）、それが日本でレジャー産業化したにすぎない。いわゆる胃カメラは内視鏡のことであるが、オリンパス光学工業が一九五〇年に開発する一〇〇年ほど前、一九世紀中頃にフランスやドイツですでに開発され観察実験が行なわれている。もちろんオリンパス製はより実用性に優れた画期的なものだったろうが、ことさら「日本の発明」と言う必然性はないだろう。

このように、歌詞に出てきたモノについてすべて「この国考えた」という主張に反駁することができる。あらゆる現代の技術が国境を越えて学ばれ模倣され改良されるという世界的な開発競争のなかにあるのは、むしろ自然なことであり、それに対して「日本が考えた」と国家を主語にして発明者であることを誇るのはかえって虚しく、そして稚拙に響く。ただ、反駁すること自体が目的ではない。なぜここまで無理矢理に「凄いぞ日本　頭のいい国　日本」を連呼して自己陶酔しようとするのか、そこを考えたい。

3「頭のいい国」の現実

そもそも日本は「頭のいい国」なのだろうか。冷静に現実を知っておきたい。

いわゆる先進国の一つの目安となるＯＥＣＤ（経済協力開発機構）が、「図表でみる教育」を毎年発表しているが、その最新二〇一九年版によると、対ＧＤＰ比での教育への公的支出は、加盟三五か国中、最下位である。トップのノルウェー六・三パーセントの半分以下の二・九パーセントだ。この「最下位」というポジションは、二〇〇〇年代以降ほぼ定位置と言っていい。日本人は天然で頭が良いから教育にお金をかけなくても優秀である、とでも言うのだろうか？もちろんそんなはずはない。

　毎年発表される「世界大学ランキング」。研究力、教育力、影響力などの指標を総合して順位づけをしているものがいくつかある。その有力な一つをイギリスのタイムズ紙から独立した高等教育専門誌が発表しているが、「最新ランキング二〇二〇」によると、日本の大学でトップとなる東京大学は三六位。東京大学はかつて二〇位台だったのがこの数年は四〇位前後まで落ちてきている。二〇〇位以内にはあとは京都大学が六五位で入っているのみだが、これもかつての五〇位台から落ちてきており、近年は七〇位前後である。

逆に中国・清華大学と北京大学、シンガポール国立大学が二〇位台に入ってきており、二〇〇位以内にランクする大学数も、中国五校、香港五校、韓国六校となっている。二校のみの日本の低調ぶりが目立つ。欧米とは比べるべくもないが、アジア諸国と比べても「頭の良い国」とはとうてい言えそうもない。初等教育から高等教育まで教育に予算を割かないのだから、当然の結果だ。あらゆる数字から教育予算の軽視とその結果としての教育水準の凋落が示されている。

社会の衰退は、教育を終えた後の労働条件や家庭環境にも表れている。

「陽は、また昇る」が発売された二〇〇八年には、皮肉なことに、日本の「子どもの貧困」が社会問題として浮上し、このテーマの書籍が次々と三冊も刊行され、社会に衝撃を与えた（浅井春夫ほか編『子どもの貧困』、山野良一『子どもの最貧国・日本』、阿部彩『子どもの貧困』）。この三冊を皮切りに、子どもの貧困をテーマとした研究や提言の書籍刊行は現在まで後を絶たない。子どもの貧困というのは、可処分所得の中央値の五〇パーセント以下で暮らす一七歳以下の子どもの生活状態を指し（相対的貧困と言う）、その割合が、二〇〇八年のＯＥＣＤの発表によると、日本社会では約一四パーセント、実に七人に一人の子どもが相対的貧困にさらされているという（なお政府が「子供の貧困対策に関する大綱」を定めた二〇一四年時点で貧困率は約一六パーセントまで悪化、その後わずかに改善が見られたが、二〇一八年時点でも約一四パーセントであり、貧困率は二〇〇八年時点と変わらない）。

二〇〇八年に子どもの貧困を主題とした書籍が少なくとも新書を含め三冊も刊行されたということは、その数年前から貧困問題が深刻になり表面化していたということである。その後も貧困率は同水準にあって改善が見られないために、子どもの貧困を訴え、分析し、取り組みを探る書籍の刊行が続いている。

他にも統計数値を挙げるとキリがないが、関連したものとして、非正規雇用の割合の増加が注目され、問題視されている。総務省統計局「労働力調査」によると、二〇〇〇年時点での二六パーセントから二〇一八年時点での三八パーセントと、一〇パーセント以上の増加が見られる。非正規雇用者は、正規雇用者に比べて賃金水準が低いのはもちろん（およそ三分の二とされる）、長期的雇用が確約されず身分が不安定であり、貧困の問題に直結する。

これらの数字が物語るのは、子どもの教育に政府が冷淡であり、高等教育も世界的に高水準とは言えず、非正規雇用の労働者の貧困化とその世帯の子どもの貧困化が進んでいることだ。いったいどこが「凄い」「美しい」「とてつもない」と礼賛される状況なのだろうかと鼻白む。まさにその凋落のプロセスで発せられる自画自賛は、苦境ゆえの空威張りなのだろうか。そうとしか聞こえない。

4　人口減少社会の労働力

ところで、こうした経済苦境のなかで、失業率だけは低下してきていることに気がつく。そもそも全般的に日本の失業率は世界的に見て低く推移してきたのだが、二〇〇〇年に約五パーセントだった失業率は、二〇〇七年には三パーセント台まで低下し、再度二〇〇九年に五パーセントまで上がったものの、二〇一四年には三パーセント台に、二〇一七年には二パーセント台まで低下して現在に至っている。この数字だけが一人歩きして、経済政策の効果や好景気の根拠とされることもしばしばあるが、経済学的な分析の当否はここでは論じることはしない。

失業率の低さは、端的にいま生じている深刻な労働力不足、とりわけ少子化の進行による生産年齢人口の急速な減少によって十分に説明が可能である。それは、後述するように「看護・介護分野の外国人労働者受け入れ」「日系四世ビザ」「外国人単純労働者受け入れ」と次々と制度をつくり、不足する労働者を外国籍者に頼らざるを得なくなってきていることからも明白である。

この点に関して、安倍晋三首相による極めて興味深い「黙殺」を発見した。『美しい国へ』の第6章「少子国家の未来」のなかで、「人口は減っても生産性を上げることはできる」と断じ、たったの一言も「外国人労働者」に触れていないのである。これは安倍首相が国粋主義者であることに鑑みれば必然的なことではあるのだが、現実政策を語らなければならない政治家としては、あまりに実態からかけ離れており、その後の政策を考えるとひじょうに示唆的である。安倍首相はこう語る。

> 労働人口が減ることによって、生産力が落ち、同時に消費需要も減って、経済規模が縮小することが心配される。そこで、人口が減っても生産力が落ちない方法を模索しなければならない。
>
> まず第一に、これまで労働力としてあまり活用されてこなかった女性や高齢者の能力を活かし、労働力の減少を補うことだ。
>
> つぎに、労働生産性を上げることである。(…)
>
> 労働生産性という面では、日本はまだまだ成長の余地がある。今後はＩＴやロボットの活用によって生産性を上げることができるはずだ。

なんと人口減少による労働者不足の対策は、たったこの二点のみである。移民労働者に一貫して否定的な安倍首相らしい方針であると言えるが、同時にやはり驚きを禁じえない。他の章で表面的には外国人の受け入れについて触れてはいる。たとえば、「日本における就業機会をふやす努力が必要だ」とか「日本人になりたいという人がいたなら、大きく扉を開かなければならない」とかいった具合だが、「就業」は定住を排除した短期・非正規なものに限られ、「日本人になる」は外国人としての定住ではなく日本人への「帰化」のことであるから、結局のところは、国粋主義的で排他的なままである。

だが、これは明らかに現実にそぐわない。安倍首相が望もうが望むまいが、もう一九八〇年代から日本経済は、一定の労働力をいわゆる「外国人労働者」に頼りつづけており、その人数は増えつづけ、また形態も多様化しつづけている。

日本は、労働市場を外国籍者に対して原則的に閉ざしている。その大きな転換点は、非正規滞在の外国人労働者が増加した一九八〇年代後半であり、一九九〇年に出入国管理法を改定し、いわゆる「日系人」の二世と三世についてのみ、労働を目的とした移住・定住を認めたのであった。これは、日本に戸籍を有した海外移民の実子およびその実子（孫）については、「血統」を重視し「準日本人」扱いをするという、ある意味抜け道的な対処であって、日本政府としては移民労働を認めたわけではないというタテマエを維持したのであった。

次の転換点が一九九三年の技能実習制度の導入であり、従来の「研修」に加えて、現場での「労働」を通して実践的に技能を習得する制度へと変更したのであるが、これは事実上、受け入れの会社や農家が「安価な外国人労働者」を雇うことを可能にした制度であった。研修期間（実質、労働在留期間）の最長期間も、当初の二年間から、三年間（一九九七年）、五年間（二〇一七年）と延長されてきている。

日系人、技能実習生に次いで、外国籍の労働者として多いのが「留学生」だ。留学生をそもそも「労働力」にカウントすることには違和感があるかもしれないが、実は日本の留学制度はいまや移住労働の隠れ蓑になっていることは、送り出すブローカーの側も、雇う日本の企業の側も、周知のこととなっている。

またしても二〇〇八年が一つの転機となるが、この年、文部科学省が「留学生三〇万人計画」なるものを策定した。これはおよそ一〇万人程度で頭打ちになっている日本への外国人留学生の数を三〇万人まで引き上げようという計画であるが、人数が伸びないことには必然性があった。グローバル戦略としての留学生増員計画だが、皮肉にも日本でしか通用しない「日本語」はグローバルな研究の視点からはハンディになってしまう。また前述のように、日本の大学の国際競争力は下落する一方であり、本当に優秀な学生はアメリカ合衆国やイギリスに向かうか、あるいは北京大学やシンガポール国立大学を目指す。純粋な研究目的では日本を目指す理由がない。

にもかかわらず、留学生の数は文科省によると二〇〇八年の約一二万人から二〇一七年の約二六万人と、二倍以上に急増した。実はその増加部分の多くが（もちろん正確な数字は把握不可能だが）、そもそも日本での単純労働就労を目的とした「偽装」と言っていい留学生なのである。

芹澤健介『コンビニ外国人』によると、日本での最初の滞在資格となる日本語学校（一般的にはそこから専門学校や大学へと進学する）の数が六四三校あり、その数は二〇一七年だけで八〇校の増加、過去五年間で二〇〇校以上の増加という、ハイペースぶりだ。すべての日本語学校がということではもちろんないが、こうしたにわか作りの日本語学校の教育の質は劣悪であり、日本語能力の習得よりも、在留資格の確保そのものに目的があり、アルバイト労働力として「出稼ぎ留学生」を送り込む「留学ビジネス」が確立しているのだ。同書では「人材派遣会社」化していることが指摘されているが、日本政府はこうした実態を把握しながらも、外国人労働者の約二〇パーセントを留学生が担っているという事情から黙認しているのだ。

次に注目すべきは、やはり二〇〇八年に始まった看護師・介護福祉士の海外からの「受け入れ」である。二〇〇八年にインドネシアおよびフィリピンから（のちにベトナムからも）、経済連携協定によってその候補者を受け入れ始めた。これは、看護師・介護福祉士の国家資格を取得することを目的として、看護師の場合は三年間、介護士の場合は四年間を上限として滞在研修し、国家資格取得後は、定住・就労が可能となる制度である。

興味深いことに、この制度を所轄する厚生労働省は、わざわざこう記している。「これら3国からの受入れは、看護・介護分野の労働力不足への対応として行うものではなく、相手国からの強い要望に基づき交渉した結果、経済活動の連携の強化の観点から実施するものです」と。ここまで欺瞞的な弁解もないだろう。先述のように、日本は急速に生産年齢人口、すなわち労働力人口が減少する一方で、超高齢化社会に突入している。それゆえに介護士・看護師のなり手の減少と、介護・看護需要の増加とが同時に起こり、人材不足が深刻な社会問題になっていた。にもかかわらず、この苦しい弁明である。

5 とうとう労働市場の開放？

日系人、技能実習生、留学生の受け入れ、経済連携協定と、実は日本政府は一九九〇年代、二〇〇〇年代とを通して、次々と外国人労働者政策を打ち出してきていた。隠された事実上の移民労働だ。だがこれでも労働力不足は解消されなかった。

二〇一八年に二つの動きがあった。一つはまったく小手先のものだ。かつて日系二世と三世に認めた定住・就労の資格を、日系四世も対象に広げたのだ。ただしこの制度は結局、滞在期間の上限を五年間と設定したこと、年齢が三〇歳までであること、家族の呼び寄せを禁止したこと、などから「定住」からほど遠いと批判にさらされている。実際この制度では、これまで日系四世は三世の扶養を受ける形での在留許可しかなく就労はできなかったのに対して、就労を可能にするわけだが、しかし、厳しい条件付きであることを考えると、生身の人間、同じ市民ではなく、やはり「労働力」の手段としかみなしていないことが明らかである。滞在年限は永住を妨げる目的、年齢制限は不足の深刻な若年層労働者を補う目的、家族呼び寄せの禁止は親（＝高齢者）や子（＝未成年）といった生産年齢外の者を除外するのが目的だ。

政府は四〇〇〇人のビザ取得を想定していたが、二〇一八年七月の制度導入から二〇一九年六月までの一年間で、四世ビザ取得者は想定の一〇〇分の一のわずか四三人にとどまり（実際の入国は三三人）、完全に見込み違いとなった。だがこれは当然の結果ではないだろうか。

もう一つの動きは、より本格的な移住労働社会への一歩になりうるかもしれない。安倍内閣は二〇一八年六月に「経済財政運営と改革の基本方針二〇一八」を閣議決定し、従来の「専門・技術」分野の制限を解除し、建設や農業やサービス業などいわゆる「単純労働」分野に外国人労働者を導入する方針を示した。そして同年一二月に出入国管理法の改定を可決し、「特定技能」という新しい在留資格をつくった。二〇一九年四月から運用を開始したところだが、今後五年間で三四万五〇〇〇人の外国人労働者を受け入れることを想定しているという。

ただし、「基本方針」では「移民労働ではない」とまたしても明言している。受け入れ産業を一四分野に限定し、そして在留年限を五年間と設定（技能実習の五年間と合わせると最長で一〇年間）、さらに家族の呼び寄せも禁じられているからだ。これらの制約によって、あくまで不足労働力の限定的な埋め合わせであって、無際限な移民労働への開放ではない、と言いたいのだろう。だが、一四分野というのを具体的に見ると、相当に広範な産業分野にわたっていることがわかる。①建設業 ②造船・舶用工業 ③自動車整備業 ④航空業 ⑤宿泊業 ⑥介護 ⑦ビルクリーニング ⑧農業 ⑨漁業 ⑩飲食料品製造業 ⑪外食業 ⑫素形材産業 ⑬産業機械製造業 ⑭電気・電子情報関連産業、という具合である。農業、工業、サービス業と、第一次産業、第二次産業、第三次産業の主要な産業分野がカバーされている以上、「特定」という表現は「移民開放」を否定するためのアリバイであると言える。

さて、一九九〇年の入管法改定から二〇一九年の単純労働一四分野解禁の「特定技能」まで見てきて、全体的に言えることは、なんらかの形で外国籍者に労働力を依存することは不可避であるにもかかわらず、移民労働は断固として認めたくないがために（それは「単一民族国家・日本」の幻想を守るため？）、場当たり的に、「日系人」「実習生」「留学生」「経済連携」「特定技能」などと、あたかも正規の労働者ではないかのような大義名分を次々と作り上げていることだ。皮肉にも、場当たり的であるという点で一貫している。

そして、「外国人」が一人の生身の人間であり、労働者であり、市民であるということを徹底して否認しているという点でも一貫している。そのことは、安倍首相の『美しい国へ』に、たったの一言も上記カテゴリーの外国人労働者に言及がないことにも反映しているのである（二〇一三年刊行の同書の完成版『新しい国へ』でも修正はないままだ）。「美しい国・日本には本音で言えば外国人は一人も要らない。仕方がないから期間限定・権利限定のお客さんとしてだけ入れる」と言っているようなものだ。

だが現実は、安倍の強がりとは裏腹に、なし崩し的に、海外からの労働者への依存を深めている。そして、この場当たり性、これまでのなし崩しぶりから考えても、「単純労働・五年在留・単身・三四万五〇〇〇人」が最後の歯止めになることもないだろう。五年間で、あるいは技能実習期間と合わせて一〇年も在留するあいだに、家族もつくらせず、生活基盤もつくらせず、期限がきたらお払い箱にできるとでも思っているのだろうか。五年も一〇年も生身の人間がある土地に暮らせば、地元の言葉を身につけ、文化や慣習を受け入れ、人間関係ができ、そして土地に根づく。そのまま社会の一員として暮らしながら働くことを望む人も出るだろうし、去ることを惜しまれる人もいるだろう。

「外国人へ労働市場の解放」と騒がれている向きもあるが、一方で為政者の意図としては、自ら「移民労働ではない」と豪語しているとおり、やはり一時的な補完にすぎない「助っ人外国人」扱いなのである。だが他方で、生身の人間が移住をするという現実は重い。いかに移民を否定しようとも、机上の労働力計算をしようとも、その意図や計算を超えて社会は大きく変容していくだろう。

6 生身の人間の移動と社会変容

古今東西の人間の移動を振り返れば、人間の移動は社会変容を必然的にともなう歴史の繰り返しであることにあらためて気づく。権力者は、道具のように、奴隷のように、人間を勝手な都合で移動させて労働させてきた。植民地支配のもとで、アフリカ西海岸から南北アメリカ大陸へ、インドからイギリスへ、朝鮮半島から日本へ。さらに戦後社会のなかでも、第5章で見るように、マグレブ地方（北西アフリカ）からフランスへ、トルコからドイツへ、と枚挙にいとまがない。

だが、これらの労働移動のうち、一例たりとも、移動前の状態へと戻せたところはない。全体的な植民地支配下での移動が不可逆的な社会変容を引き起こしたのはもちろんのこと、戦後の労働力移動であっても結局はそうだった。植民地支配下でも、戦後の移住労働政策でも、移住労働者を必要とし利用した側の社会は、そのことによって自らの社会が変化することは望まなかったし、変化することを想定しなかった。労働力として外国人は入れるが社会の一員として入れるわけではないという排外的な国粋主義のままで、移住者によって自分たちの生活や文化が影響を受けることをまるで考えていなかったのだ。

戦後にアルジェリアやモロッコなどのマグレブ地方から労働者を導入したフランスも、トルコから労働者を導入したドイツでも、生産を支える労働力とみなしても、その社会で生活し家族や近隣との人間関係を築き、文化習慣を担いかつ新たな文化を生み出す、そういう生身の人間とはみなさなかった。不要になればいつでも切り捨てて追い出すことができると想定していたのだ。

だが、現実はどうだ。アメリカ合衆国のアフリカ系の市民、イギリスのインド系の市民、日本の朝鮮系の市民（在日朝鮮人）、フランスのアラブ系の市民、ドイツのトルコ系の市民、彼女／彼らはみな例外なく独自の文化を担いながらその社会の構成員になっている。もちろんどこの社会でも差別があるのもたしかだが、しかし、彼女／彼らの存在が消されたりすることはない。いかに差別を乗り越え、多様性を認めて共存していけるのかを模索しているのだ。

振り返っても、安倍晋三が『美しい国へ』を刊行した二〇〇六年、麻生太郎が『とてつもない日本』を刊行した二〇〇七年、「陽は、また昇る」が発売された二〇〇八年の時期は、それに対抗する側でも重要な書籍が刊行されていたし、私もそこに関わっていた。二〇〇七年には、私が「ディアスポラ特集」の企画を『現代思想』編集部に提案したことで、「隣の外国人――異郷に生きる」という特集号が刊行された。国境を越えるさまざまなディアスポラたちを、歴史・政治・思想・文化、さまざまな角度から論じた画期的な特集だったと、いま読み返しても思う。

同じく二〇〇七年に開催した国際シンポジウムをもとに翌二〇〇八年に刊行したのが、私も編者の一人となった（シンポジウムでは企画者・司会者だった）『ディアスポラと社会変容』である。『現代思想』の「隣の外国人」特集の企画と同時進行だったこともあり、両企画に重複して関わった参加者も少なくない。「無国籍」研究の陳天璽さん、南北朝鮮の「失郷民」研究の李英美さん、カリブ・ディアスポラ研究の浜邦彦さん、在日ブラジル人研究のアンジェロ・イシさんらがそうだ。

さらに二〇〇九年には、『ディアスポラと社会変容』に参加した新宿区大久保の多文化研究をされている川村千鶴子さんが編者の一人となって、『移民政策へのアプローチ』という論集が編まれ、私や、陳天璽さん、アンジェロ・イシさんらも執筆参加した。二〇〇八年には「移民政策学会」も発足しているように、安倍政権が「移民労働」を断固として否定し続ける一方で、このころから政策としての「移民労働」が学術的にも大きなテーマになってきていた。

ところで、この執筆陣容の重なりは、このときの対抗言論が、ある種の集団的な運動であったことを物語っている。排外的な風潮によって、外国籍者、ハーフ／ダブル、民族的マイノリティなどが社会にとって、差別や黙殺の対象となったり「よそ者」扱いをされたりするなかで、むしろ移動や異質性こそが私たちの社会や文化の不可欠な経験であり、不可欠な構成要素であるということを、真正面から捉えようとしたのであった。

移住者（オールドカマーであれニューカマーであれ）に対する排除や差別には反対するのはもちろんのこと、彼女／彼らを「本来の日本」にとって偶発的で付録的な存在とみなすことにも強い異論がある。異質性なしの同質性などありえない。古代から現代まで中国大陸や朝鮮半島などからの渡来人と彼らがもたらした文化・学問・技術なしに、「日本社会」など考えられないように、アイデンティティには他者性がむしろ本質的に含まれているのだ。多文化共生は、理想の目標などではなく、社会の必要条件と言うべきだろう。

安倍首相の「日本を、取り戻す」というスローガンの問題点もここにある。社会や文化を考えるときには、そもそも「純粋な日本」を想定することが本末転倒だ。取り戻すべき「本来の日本」など妄想にすぎない。そしてそれを掲げることは排除の暴力にならざるをえない。安倍政権の政策が、それを見事なまでに証明しているのだ。

おわりに

いまさらだが、私は国家主義者ではないつもりだ。むしろ、国家の暴力性を批判して、国家の枠組みを揺るがしたり、そこからはみ出したりする「ディアスポラ」に注目して、本書を書き進めてきている。その意味では、国家が弱体化すること自体は、概して歓迎する立場である。

この十数年の日本政府の政策を見ると、あからさまに国家を蝕んでいるようにしか見えない。本章で触れた範囲だけでも、教育・研究の衰退、労働者の貧困化、子どもの貧困化、奴隷的労働条件による人権侵害、国粋主義による文化的多様性の否定、などが見えてくる。さらに本章の範囲外では、ここ二～三年で注目された社会問題を見るだけでも、決裁済み公文書の改竄、大臣によるセクハラの容認、同時大量の死刑執行、自衛隊日報の隠蔽、勤労統計データの改竄、ナチスに学べ発言、などなど枚挙にいとまがない。ここでは詳細は省くが、いずれも海外で広く報じられるほどのスキャンダルであること、法治主義と普遍的人権とが蹂躙されており、近代国家の体裁をなしていないということが批判されている。実質的に日本を弱体化させたのみならず、海外からの日本のイメージも畳み掛けるように悪化させている。

繰り返すが、私は愛国者ではない。その意味では、安倍首相ら現政権の人びとが、日本国家を衰退させ、日本の評判を貶めているのを見ると、一回転捩じれた形で私の「同志」なのかと錯覚してしまう。あるいは、この衰退や悪評を懸念する私は、もしかすると安倍首相以上の愛国者なのではないかという錯覚さえも生じる。もちろんこれは皮肉だ。

皮肉をもうひとつ加えれば、あるいはそれは本心でもあるのだが、希望はディアスポラにある。移民や難民を生身の人間として平等に歓待できる国家になること。生産力や労働力のために選択的に外国人を動員するのではなく、ただ外から訪れる者を歓待すること（また皮肉を言えば、労働市場を完全に平等に開放したら、世界から労働者が殺到するほど魅力的ならいいのだが、残念ながら日本はそんな国ではない）。そうやって移民や難民を公然と受け入れられたときにこそ、私たちの民主主義や人権といった最低限の近代的理念が鍛えられるのである。

第II部　欧米・中東編

第5章 アメリカ合衆国とヨーロッパ諸国の「自国第一主義」
――移民に依存しながら移民を否定する二律背反の歴史

はじめに

一万人超の「移民キャラバン」が中米諸国（主にホンジュラス、エルサルバドル、グアテマラ）からメキシコを北上し、アメリカ合衆国との国境に到着し、アメリカ入国を求めたり、強引に柵を乗り越えようとしたりといったことが、世界的に注目された。二〇一八年秋から二〇一九年初頭にかけてのことである。四〇〇〇キロ以上の距離を徒歩やときにトレーラーなどに乗せてもらうなどして進みつづけ、国境に集団で向かった。途中から合流する小グループがある一方で、過酷な道のりのために半数近くが途中で断念して引き返すなどして、正確な全体数は把握できない。

こうした中米からの「移民キャラバン」は二〇〇〇年代に入ってから断続的に発生しているので、実はこれが初めてということではなかった。ただし通常は数百人から多くても一〇〇〇人程度の規模であるのに対して、そのときは一グループで数千人（途中最大では一万人超）と過去最大規模であるのに加えて、アメリカ合衆国側が移民や難民に対して強圧的な排除の姿勢を明確にしているドナルド・トランプ政権であったということもあって、世界のメディアが注目するところとなった。実際トランプ政権の側も、七〇〇〇人以上もの米軍兵士と州兵を国境警備に当てるなどして対抗した。映像には、無数の人びとの行進や、国境のフェンスに殺到した集団が映しだされ、一部がフェンスをよじ登り、その向こう側に銃を構えた迷彩服の米兵たちが待ち構える、圧巻でもあり、そして異様な光景が広がっていた。

　トランプ政権は、移民キャラバンを「侵略者」「攻撃者」「犯罪者」と恐怖を煽るように批判した。しかし、キャラバン参加者のインタビューを聞く限り、みながみな、治安の悪化から逃れることと、そして新天地で人並みに仕事をして安全に暮らすことを求めているにすぎない。実際、ホンジュラスやグアテマラなどの混乱と暴力を見ると、脱出してきた人びとは「難民」という側面を確実に有している。安全と仕事。この当たり前のものを求めて、人びとは生まれ故郷を後にして、数千キロを歩くのだが、その先に待っているのは世界最強の米軍兵士であるという、気の遠くなるようなギャップと非対称性が、「移民キャラバン」という名称によって見えなくなっている。

1 「ラテンアメリカ」と「アングロアメリカ」の境界線とは？

この問題を考えるにあたって、そもそも歴史的に「アメリカ」とは何か、ということを振り返っておきたい。というのも、この対立図式にどうしても割り切れない思いがあるからだ。北米対中米、アングロアメリカ対ラテンアメリカ。その分断線はいつどこでどう引かれたのか。

地理的に言えば、メキシコも「北米大陸」に含まれる。メキシコの南に隣接するグアテマラからパナマにいたる地峡部が「中米」、そしてパナマと接続されるのが「南米大陸」だ。それに対して、おもにイギリスが支配したことに由来する「アングロアメリカ」と、おもにスペインが支配したことに由来する「ラテンアメリカ」の分断線は、合衆国とメキシコとのあいだに引かれる。つまりメキシコは北米大陸にありつつラテンアメリカなのだ。この分断は文化アイデンティティの差異としても明示されており、スペイン語系を意味する「ヒスパニック」、ラテン系アメリカ人を意味する「ラティーノ」「ラティーナ」（ポルトガル語系やフランス語系も含む）や、そしてとくにメキシコ系アメリカ人を指す「チカーノ」「チカーナ」といった独特の呼称が存在している。

それに対して合衆国のアングロアメリカ人を「アングリカン」と日常的に呼んだりはしないだろう。たんに「アメリカン（アメリカ人）」だ。だが中南米もまた「アメリカ」ではないのか？　上記のように「アメリカ」にはさまざまな「アメリカス（複数形）」がある。しかし中南米の人びとが「アメリカ人」と呼ばれることはない。「アメリカ人」の名は合衆国人によって独占されている。つまり、合衆国が「アメリカ」を代表しているというわけだ。これは私たちが無意識に使っている「アメリカ／アメリカ人」の日本語感にも合致しているだろうが、しかしよくよく考えてみるとおかしな話だ。

次に、もう一つ違和感を提示したい。それは、メキシコと合衆国との国境のことだ。いまも移民とも難民ともつかない中南米の人びとが結集しつづけている国境であり、また日常的にメキシコ人たちも合法・非合法を問わずに毎日数十万人が越境している国境のことだ。そもそもこの国境の向こう側、つまり合衆国側もまた、かつては「ラテンアメリカ」だったのではなかったか？　合衆国のテキサス州からカリフォルニア州にかけては、一九世紀にメキシコがスペインから独立したときはメキシコの領土であって、合衆国の領土ではそもそもなかった。とすれば、テキサス州からカリフォルニア州にかけてはもともとラテンアメリカであったとも言える。

メキシコ人たちが往来したり排除されたりしている壁、そして中米からの移民キャラバンつまりラティーノ／ラティーナたちがぶつかっている壁は、その両側ともにメキシコだったのであり、ラテンアメリカだったのだ。もちろん、「いまさらそんな歴史を思い起こしたところで、いまは合衆国領だという事実は変わらない」というのが多くの反応だろう。だが考えてみれば、一九世紀の半ば、いまから「わずか」一世紀半前の出来事だ。フランスによるアルジェリアの植民地（海外県）化は一八三〇年で、テキサス州やカリフォルニア州の武力による併合よりも前のことだったが、それでもフランスは不承不承手放さざるをえなくなった。合衆国の領土については永遠不変だと無条件に断言などできようか。

2　合衆国によるメキシコ侵略の歴史

ここで、忘れられている合衆国によるメキシコ侵略と、領土併合の歴史を概略的に（つまり本章に関連する諸点に限定して）振り返っておこう。メキシコがスペインから独立したのは、一八二一年のこと。このときの領土が、北米大陸の「ヌエバ・エスパーニャ（新スペイン）副王領」であり、そこには現在のテキサス州からカリフォルニア州にあたる地域が含まれていた。

一八二九年にメキシコが奴隷制の廃止を決定すると、奴隷制を存続させたい「テハス」（現テキサスのスペイン語発音）地域の人びとが、メキシコからの独立を実力行使で目指して、一八三五～三六年に独立戦争に発展し、結局テキサス軍が勝利、一八三六年に「テキサス共和国」の独立宣言をした。だがこれは、事実上アメリカ合衆国への併合の第一段階であり、一八四五年に合衆国側はテキサス共和国を併合、メキシコ側が反発を強めると、翌一八四六年に合衆国はメキシコに宣戦布告、米墨戦争が勃発し一八四八年まで続いた。この戦争に勝利した合衆国は、講和条約によってメキシコからさらにカリフォルニア州にいたる広大な土地を割譲させ、譲渡金をメキシコに支払った。

果たして、このテキサス・カリフォルニア地域の武力による併合は、倫理的に正当化されうるのだろうか。先述のように、フランスによるアルジェリアの植民地化、海外県として領土化した始まりが一八三〇年である。これは一世紀以上続いたが、最終的に正当化されることなく、激しい戦争の末にだが一九六二年に独立することとなった。その当時から現在にいたるまで、アメリカ合衆国とメキシコとのあいだの力関係があまりに圧倒的であるために、不当な領土収奪だとして返還を求める交渉にもならないが、当然ながら領土の回復を求める原則的な意思は完全に抹消されることはない。実質的な「運動」とまではいかないが、返還を要求する声がメキシコの側に実際ないわけではないのだ。割譲が条約に基づこうと、金銭の支払いがあろうと、領土変更が武力によって不本意に強いられた事実は何ら変わりない。そして、軍事格差と経済格差、および、あえて言えば「アングリカンの入植」の既成事実化によって、収奪された領土の返還という問題は「非現実的」かつ「タブー」となったために、議題として表面化することがないというだけなのだ。

もちろん先住民の立場からすれば、アメリカ合衆国であろうとメキシコであろうと、その国境線がどこに引かれようと、それぞれイギリスとスペインの入植活動に起源をもつ近代国家である点で違いはない。究極的な「正義の回復」は、植民地支配と奴隷制に対する謝罪と補償ということになるし、そのことはクリストファー・コロンブスによる一四九二年のアメリカ大陸「発見」からの「五〇〇周年」に際して「侵略と収奪の五〇〇年だ」と異議申し立てがなされ、その翌一九九三年に制定された「国際先住民年」以降、むしろ公然と議論がなされてきた。

こういったことを前提とし、植民地支配が歴史的にもはや許されないのであれば、やはり明白な領土的野心で合衆国に武力併合されたテキサス・カリフォルニア（その後そこから分割されるニューメキシコ州とアリゾナ州も含まれる）の帰属の正当性は、あらためてきっちりと検証される必要があるだろう。とりわけトランプ政権が、メキシコとの国境の透過性を限りなくゼロにすべく、完全に遮断する「壁」建設を打ち出しているからこそ、その不当性を明白にする論拠の一つとしても、それは必要だ。

3　移民の歴史と「不法移民」の発生

トランプ政権を最も象徴するスローガンは「アメリカ・ファースト」、つまりアメリカ第一主義、自国・自国民最優先だ。例によってこの「アメリカ」がイコール合衆国である（複数の「アメリカス」ではない）という指摘はさておくとして、さらに「アメリカ合衆国人」として優先される人の範囲、その含意は注意深く見なければならない。言うまでもなく合衆国は「移民の国」であり、トランプ大統領が自国民最優先を主張するときに先住民族のことを念頭に置いているわけではないからだ。「移民」の次に除外されるのは、「奴隷」として連れてこられたアフリカ人の子孫であり、その次に排除されるのは、奴隷貿易禁止後にその「代用品」として導入されたアジアからの契約移民の子孫である。

こういった人びとが「代用品」であることは、主に中国・インドから南北アメリカへと労働者が送りこまれた「苦力《クーリー》貿易」をふり返っても明らかだ（明治期日本からの移民も黒人奴隷の代わりであったことをもっと日本人は強く認識すべきだ）。一八八二年の「排華移民法」や一九二四年の「排日移民法」などで法的にも排斥されたように、アジア出自の移民は労働者として利用されつつも、時事的な局面では邪魔者・脅威とみなされ、「帰化不能外国人」の烙印を押された。「移民の国」に無条件に歓迎される存在ではなかったのである。

こうして明白に、先住民・アフリカ系・アジア系と「有色人種」が存在するにもかかわらず除外されて、ヨーロッパからの自由移民に限定した国民化の物語が紡がれてきた。つまり、合衆国の産業の発展と、そしてもちろん文化の発展を大きく長く担ってきたはずの人びとが、周縁化され不可視化されてきたのだ。

次に不可視化の対象となった集団は、ラテンアメリカからのいわゆるヒスパニックの「不法移民」だ。合衆国の不法移民は現在一〇〇〇万人を超えると見られており、取り締まりを強化して国外追放を進めるトランプ政権の動きとあいまって、社会的に注目されている。

ところで、この「不法移民」は皮肉にも、アジア地域からの移民に再度門戸を開くことを含んだ一九六五年の改定移民法が、世界中からの移民バランスを考慮して「移民数割当て」（年間で東半球一七万人、西半球一二万人）を設定したことで発生したという面がある。すなわち、ラテンアメリカからの移民数がそれまでの移民実態よりも少なく制限されてしまったことが原因なのだ。

上記のようにアジア系移民を制限してから、その安価な労働力を補う役割を果たしたのが、隣国メキシコを含むラテンアメリカ諸国からの移民や季節労働者であった。改定移民法はそうした労働者の多くを「非合法化」する事態をもたらしてしまったのだ。

だが非合法化したところで、移民や季節労働者の存在がなくなるわけではない。「不法移民」という立場で働きつづけるだけである。というのも、移民数に制限をもうけたところで、安価な移住・移動労働者に依存する合衆国の産業構造が変わるわけではなく、また圧倒的な経済成長によって巨大な労働市場となっている合衆国に仕事のチャンスを求める貧困のラティーノ／ラティーナたちが越境を断念したりはしないからだ。

ちなみに、合衆国とメキシコとの三〇〇〇キロを超える国境線は、一九九〇年頃まではほぼ壁やフェンスなどの構造物はなく、不法入国は容易であったし、部分的に壁・フェンスが設置されるようになった現在でも、砂漠・山脈・河川となっている地帯が長く、最終的に覆い尽くすことは不可能と言われている。

こうして一九六五年改定移民法は、アジア・アフリカ・中東に移民の窓口を開くとともに（ヨーロッパに対してはすでに開かれているとして）、逆説的にも、もともと高い自由度で移住労働をしていたメキシコを中心とするヒスパニックの人びとを「非合法化」したのである。もちろんそれ以前からも入国手続きをしないで越境（密入国）した不法移民労働者は多数存在していたが、産業界からの労働需要がある以上は黙認されていた面がある。

しかしこの新たな移民数割当ては、数字の上で「不法移民」を明示するとともに、当局や市民の目に「不法」な存在として再認させるという効果を生み出した。「法」が「不法」をつくり出す、あるいは「法」が「不法」をあぶり出すのだ。それ以前から存在する労働実態を無視して後から制定された「法」が。こうした経緯を見ると、あたかも不法行為をしているかのような、つまり犯罪者であるかのような「不法移民」という表現が、不当だと分かる。「アメリカ・ファースト」の掛け声のもとに「寄生者」「邪魔者」扱いをされる「不法」移民たち、そして本章の冒頭で触れた「移民キャラバン」についても、こうした視点から冷静に見る必要があるように思う。

4 イギリスのアイルランド「植民地」からの移民

自国民第一主義は、ヨーロッパ諸国にも波及している。

ヨーロッパ諸国のなかでも植民地大国であったイギリスとフランスは、第二次世界大戦後、そして植民地を放棄して以降、戦後復興経済の過程で、旧宗主国―旧植民地の関係を土台に、アジア・中東・アフリカから多くの移民労働者を受け入れてきた。それは、植民地支配をしていた時代の宗主国―植民地のあいだの人の移動・混淆から連続するものであり、ポストコロニアル状況においてさらなる移動を生み出した。そうした観点からすると、イギリスとフランスの移民受け入れや多文化の状況は、リベラルで寛容な姿勢から来ているものではなく、むしろ戦前の植民地主義・覇権主義に由来するものであり、戦後の経済主義に継承されているものである。

ただしイギリスについては、アイルランドという隣島を「植民地」としてきた歴史があり、イギリス最大の移民労働者は実はアイルランド人であるということがしばしば忘れられがちである。というのも、世界を跨ぐ大英帝国はアジア・中東・アフリカに広大な植民地を持ち、「有色人種」の奴隷や移民に事欠かない。しかし実際には、イングランドのアイルランド支配による大量の離散が、一七世紀のオリバー・クロムウェルによるアイルランド侵攻の頃から進行していた。一八世紀には寒波による深刻な飢饉が発生し膨大な餓死者を出した。この一七〜一八世紀にアイルランド人たちは、イングランドを中心とするブリテン島および英領アメリカへ契約労働者などとして移民していった。

一八〇一年にアイルランド島全域がイギリスに正式に併合された。形のうえでは「植民地」とは言わなくなったものの、しかしこれが事実上の植民地であることは変わらない。一九世紀にも深刻な飢饉が相次ぎ、やはりイングランドやアメリカ合衆国への移民の流れは続いた。アイルランドの反英独立運動（その錯綜した展開は本章の課題ではないので省くが）の結果、一九二二年に、アイルランド島の北部六州が英領に残留し、南部二六州がアイルランド自由国（のちにアイルランド共和国）として独立するが、それまでに約一五〇万人ものアイルランド人がイギリス（当時は「国内移動」扱いだが）に移民した。これは、第二次世界大戦までのイギリスへの移民のなかでは、桁違いに圧倒的な規模であった。

南アイルランドの独立後、そして第二次世界大戦後も、アイルランドからイギリスへの移民は継続しており、二〇世紀中にさらに七〇万人が移民した。だが戦後は、旧英領インド（インド、パキスタン、バングラデシュ）からの移民およびアフリカからの移民がいずれも一〇〇万人規模となり、アイルランド移民の数を超えてくる。しかし、戦前からの移民も含めた総数ではなお、アイルランド移民が最大多数である。ポストコロニアル理論のなかでは、反人種差別運動と第三世界運動（アジア、アフリカ、中南米の旧植民地や従属国の独立・自立と結集を模索した運動）との重なりもあって、アジア・中東・アフリカからの移民ばかりが注目されがちであるが、実はイギリスの中の最大の移民はアイルランド系である。

さらに先述のアメリカ合衆国とメキシコとの国境問題とのアナロジーで言えば、北アイルランド問題は必ず「正義の回復」として領土帰属の正当性を問いなおされることになる。ヨーロッパ連合（ＥＵ）という共通の政治経済的な枠組みの内部にいることもあって、分断された英領北アイルランドとアイルランド共和国（南アイルランド）は一定の安定を見せているが、イギリスのＥＵ離脱が決定的となって情勢が変わってきている。北アイルランドがＥＵの外部になれば、人や経済の交流に障壁が生じ、分断が深まる。そのことは、これまで何度も噴出してきては鎮圧されてきた統一運動をまたしても呼び起こさざるをえない。

加えて、二〇一四年にやはり同様にスコットランドが、イギリスではなくＥＵという枠の内にあることを信頼して、イギリスからの独立を住民投票で否決したが、そのスコットランド独立問題が、イギリスのＥＵ離脱を契機に再燃すれば（今度はスコットランド単独でのＥＵ再加盟を目指して住民投票は独立多数となる可能性が高まった）、それは必然的にアイルランド統一問題に飛び火する。それほど遠くない将来において、イギリスは今とはまったく異なる国境線をもつことになるかもしれず、またそのときには、大規模な住民移動が生じるかもしれない。

5　フランスとドイツ：外国人労働者政策から移民の統合へ

イギリスのＥＵ離脱は大きなニュースとなっており、その主要な背景の一つに、移民労働者への反発があるとしばしば指摘されている。実際に離脱派の主張・呼びかけに移民排斥が語られたことはあるし、投票行動に影響を及ぼしもしただろう。しかし、現実的に移民受け入れが、社会保障費の負担になっているとか、イギリス人（誰が「イギリス国民」なのかという定義はさておくとして）の職を奪っているとかということではない。ＥＵ加盟の他の国々と比べて移民及び難民の人数・割合がとくに高いわけではない（とくに難民受け入れについてはドイツに比べてはるかに少ない）。

イギリスはＥＵに加盟していながら、域内での国境を越えた移動の自由を許可するシェンゲン協定にはもともと加入しておらず、無条件に移民・難民が入ってくる条件にはこれまでもなっていなかったし、逆にＥＵを離脱したからといって、さまざまな国際条約や人権規約のために移民・難民の受け入れを遮断できるわけではない。その点で、イギリスのＥＵ離脱が象徴しているのは、むしろイメージとして漠然とある反移民・反難民の国民感情だと言えるだろう。

このイギリスのＥＵ離脱の国民投票と、「アメリカ・ファースト」を叫ぶトランプ大統領の当選が、ともに二〇一六年であったことは、「自国（民）第一主義」が欧米に広がっていることを示唆した。

ＥＵの中心をなすのは地理的にも経済的にもフランスとドイツだ。そもそもヨーロッパを一つの共同体にするという思想の原点には、戦争を繰り返してきたヨーロッパの大国であるフランスとドイツによる不戦の意志があった。自国の利益のみを追求する偏狭なナショナリズムを克服するための枠組みであったのだ。ところが、その両国でもやはり反移民・反難民感情が高まり、「自国（民）第一主義」が浸透しつつある。

この両国は、第二次世界大戦からの復興過程で深刻な労働力不足が生じ、移民労働者の大規模な受け入れを始めた。とりわけフランスは植民地（海外県）、そして独立後の旧植民地であったマグレブ三国（アルジェリア、チュニジア、モロッコ）から労働者を入れ、ドイツ（当時は西ドイツ）は地中海沿岸諸国との政府間協定で労働者を入れた。結果的にドイツは、最も多くの余剰人口を抱えていたトルコから最大数の労働者を入れることになった。当初は両国ともに、外国人労働者を「出稼ぎ労働者」「一時滞在の外国人」と想定しており、移住・定住をする「移民」とはとらえていなかった。不要になれば追い返せるものと安易に考えていた。

しかしそうして一九六〇年代の高度経済成長期を過ぎて、一九七三年の第一次石油危機による世界的不況を迎えたときに、外国人労働者たちはすでに生活基盤をフランス、ドイツで整えつつあり、逆に故国との関係が稀薄となっていた。「景気の安全弁」として不況期に都合よくお払い箱にするという思惑が外れ、むしろ逆に外国人労働者たちは故国から家族を呼び寄せ子どもを生み育て、地域に根を張っていった。両政府が受け入れを停止し帰国を促すも、むしろ逆に外国人労働者とその家族は増えていったのだ。

受け入れる方、外国人労働者を利用する側はたんなる「労働力」「道具」としてしかみなしていなかったが、実際に移住をして働く人間は、そこに人間関係を築き地域に愛着を覚えることもあれば、移住先で生まれ育った二世たちの定着するのを見て逡巡の果てに帰国を断念することもある、そういう「生身の人間」だったのだ。結果、フランスでは一九七三年時点で約一〇〇万人程度であったマグレブ三国出身者とその家族、および、ドイツでは六〇万人程度であったトルコ出身者とその家族は、それぞれ現在では三〇〇万人ほどの人口になっている。

フランス、ドイツともに、「多文化主義」を政策に掲げてはいないものの、こうした移民労働者の状況から、遅ればせながら「社会的統合」の政策を考えざるをえなくなる。それまで労働力として計算すること以外何も考えていなかったため、住居・教育・福祉を欠いた荒んだ移民のスラム街が形成され、「第四世界」とさえ呼ばれるようになっていた（「第四世界」とは「先進国の大都市内部に持ち込まれた第三世界」の意）。マジョリティのフランス人とドイツ人の側は、こうした移民集団を異質で不気味で、職を奪う脅威とみなした。移民たちは政府の無策によって十分な住居・教育・福祉を享受できないでいるにもかかわらず、マジョリティからの反発を受けたのである。制度的な差別と感情的な差別によって社会的分断が深まり、治安の悪化にもつながった。一九八〇年代と九〇年代は、両国とも多文化主義ではないが同化主義でもない「社会的統合」を手探りで進めていた時代と言える。

6 反移民、反難民への退潮

フランスのマグレブ三国出身者とその家族、ドイツのトルコ出身者とその家族は、ほとんどがムスリム（イスラーム教徒）であるという点も共通しており、そのことが二一世紀に入っても困難な課題を生み出している。二〇〇一年の〈9・11〉アメリカ合衆国同時多発攻撃とその報復戦争としての欧米中心の多国籍軍によるアフガニスタン侵攻とイラク侵攻。イスラーム脅威論が蔓延しはじめる。続いて、二〇〇二年にはロシア・モスクワで一〇〇人以上が死亡した劇場占拠事件、二〇〇四年にはスペイン・マドリードで約二〇〇人が死亡した列車爆破事件、二〇〇五年にはイギリス・ロンドンで約五〇人が死亡した地下鉄・バス同時爆破事件など大規模な「テロ」が相次いだ。さらには、フランスでは、二〇一五年のシャルリー・エブド事件（新聞社で一二人死亡）、二〇一五年のパリ同時多発攻撃（六ヶ所で計一三〇人が死亡）、ニースでのトラック突入事件（遊歩道で八〇人以上が死亡）、ベルギー・ブリュッセルでの空港・地下鉄連続爆破事件（三〇人以上が死亡）、ドイツ・ベルリンでのトラック突入事件（一二人が死亡）、とその後も枚挙にいとまがない。ほとんどのケースが、ヨーロッパ諸国とイスラーム世界との軋轢か、あるいはヨーロッパ内のマジョリティとムスリム市民との軋轢が背景にあるとされる。

本来的には、経済・労働問題として移民労働者の導入があるにもかかわらず、そして先述のように、社会統合を欠いた受け入れ国の政府の無策こそが問題であったにもかかわらず、イスラーム脅威論、すなわちヨーロッパ市民とは価値観の合わないイスラームが問題だとされるようになったのだ。

こうしたタイミングで、いわゆる「ヨーロッパ難民危機」が発生した。シリア内戦の長期化と悪化を背景として、二〇一五年の一年間で一気に一〇〇万人を超える難民が中東地域からヨーロッパに押し寄せたのだ。ヨーロッパ諸国への難民申請数は二〇一五年から現在まで三〇〇万人に達するが、その圧倒的最大の受け入れ国であるドイツは一国で一〇〇万人以上の受け入れをした。これはドイツ経済が比較的好調で労働需要があったこと、トルコ移民労働者の受け入れの経験があること、ホロコーストへの深い反省から避難民への庇護を重視していることが背景に挙げられる。その積極的な受け入れ政策を牽引してきたのは、アンゲラ・メルケル首相であった。だが、そのドイツでも二〇一八年に反移民・反難民のデモが相次ぐようになり、同年一一月の難民問題を争点とした州議会選挙で敗北（大幅な議席減）したのを受けて、首相職の退任を表明した。

ドイツ以外でも、フランス、イタリア、スペイン、ハンガリー、オーストリア、スウェーデンなど各国で「反移民」を政策スローガンに掲げる右派政党が、ここ二〜三年で、第一党を取ったり大幅に議席を増やしたり、首相を出すなどしている。「自国（民）第一主義」は確実にヨーロッパ諸国に浸透してきている。最大受け入れ国だったドイツのメルケル首相の退陣表明は、その決定的な後退を象徴しているように思われる。

このヨーロッパ各国のなかで反移民・反難民の世論が高まった引き金は、直接的には一部の難民申請者による犯罪が続いたこととされるが、しかしその背景には、先述のようにヨーロッパ各地で相次いだ「テロ」が同時期に重なったことから生じた反イスラーム感情がある。さかのぼれば、二〇〇一年の〈9・11〉の際に合衆国大統領だったジョージ・ブッシュが「十字軍」の比喩を使ったように、キリスト教世界対イスラーム世界というイメージが喚起されたことも指摘できよう（これについては次の第6章を参照）。

しかし、さらにさかのぼって考えると、一九九〇年代以前のマグレブ移民やトルコ移民といったムスリムたちの社会的統合の失敗が克服できていなかったことまで検証する必要があるように思われる。自国民第一主義はその外国人労働政策の最初から露骨に表出していたのだから。

おわりに

　このように欧米諸国は自国民中心主義の反動期にあるが、かすかな希望が見えなくはない。象徴的なのは、二〇一六年のイギリスの首都ロンドンの市長選挙で、パキスタンの移民二世で自身ムスリムであるサディク・カーンが当選したことである。彼はエリート富裕層の移民ではない。労働者階級の出自で、人権派弁護士としての活動歴もあり、庶民の声を知っている。内向するイギリスにあってロンドンというメトロポリタンだからこそ可能なことだったのは明らかだが、首都でムスリム・労働者というバックグラウンドをもつ市長を市民が選んだということは画期的な選択であったと思う。

　もう一人、注目すべきは、二〇一八年にベルギーの首都ブリュッセルの首都圏に位置する自治体ガンショアンの市長に、元難民だったピエール・コンパニが当選したことである。コンパニの名前は、ベルギーのサッカー代表チームのヴァンサン・コンパニで著名であり、ピエールはヴァンサンの父親である。息子の名声も当選には貢献したかもしれないが、しかし元難民が市長になるというのはやはり画期的なことだ。ピエールは、ベルギー植民地だったコンゴに生まれ、独立したコンゴ共和国（一九六〇年独立）で独裁大統領を批判したとして懲罰的兵役を課せられた。それをきっかけに、一九七五年に故国（当時はザイール共和国と改称）を去り、ベルギーに政治難民として申請。難民認定に七年もかかったという。移民二世の首長は出始めているが、元難民が首長になるのは異例だ。

反難民・反移民の大きな流れに対する抵抗であり、希望だと思う。

第6章
現代の移民・難民の排斥と古代・中世のディアスポラ
――「ヨーロッパ」と「中東」の分断はいつ起きたのか

はじめに

　この数年、ヨーロッパでは中東地域からの移民・難民の受け入れをめぐって排外主義が高まっており、実際にこの二〜三年を見ても、各国の選挙で排外主義を唱える右派の政治家や政党が得票を大幅に伸ばしている。とりわけ、内戦や戦争の続くシリア、アフガニスタン、イラク、スーダン（および南スーダン）など広義の中東地域の出身者が圧倒的に多いことも手伝い、〈ヨーロッパ対中東〉という対立図式が描かれがちである。先進国で民主国家で寛容なヨーロッパが、後進国で独裁と内戦で混乱する中東からの難民を、その寛容の精神で受け入れてきたが、しかしそれももう限界だというわけだ。

　そこにもうひとつの対立図式が重ねられる。〈キリスト教対イスラーム〉である。たしかにヨーロッパ諸国の国民の大半がキリスト教徒であり、中東諸国の国民の大半がムスリムであることは事実だろう。もちろん、ヨーロッパ諸国にも多くのムスリムはいるし、中東諸国にも多くのキリスト教徒がいるのだが、それでも圧倒的に「ヨーロッパ＝キリスト教圏」、「中東＝イスラーム圏」という固定観念が広まってしまっている。そのために私たちは、地理的に明確に区分された「ヨーロッパ」と「中東」に、そのまま「キリスト教」と「イスラーム」を重ねあわせ、異なる地理空間のなかに異なる宗教文化を見てしまう。そして、〈ヨーロッパ対中東〉の対比を〈キリスト教対イスラーム〉の対比にも投影し、「『ヨーロッパ』と同様に理性的で平和的なキリスト教に対し、『中東』と同様に不合理で攻撃的なイスラーム」という偏見を無意識に共有してしまっている。欧米メディア経由の情報に強く依存している日本のメディアを通して、私たちも、当然にしてそうした偏見にまみれてしまっている。

　そうした偏見はどんな行動と結びついているのだろう。移民や難民を受け入れるにせよ、ヨーロッパは自らの優位性やアイデンティティを疑うことなく、その地位が脅かされることがないかぎりにおいて寛容さを発揮し限定的に受け入れる。しかし、わずかでも脅威を感じれば手のひらを返したように移民や難民を排撃するようになり、そのことによって自らの優位性やアイデンティティを守ろうとする。二〇一五年の「ヨーロッパ難民危機」による緊急の受け入れと、その後の反動的な排斥運動は、このことをよく表わしている。

　だが古代、中世まで歴史を丁寧にさかのぼれば、そのような地理的な区分も文化的な区分も、近代において捏造され、また現代にかけて強化されてきたものだということがわかる。

1　地中海を中心に置いて地図を見直す

　私たちは中学・高校の社会科（地理・歴史・公民）で、「ヨーロッパ」にひじょうに重きを置いて勉強してきている。西はイベリア半島から、東はギリシャまで、そして南はそのギリシャから、北はスカンジナビア半島まで。ここに含まれる国々が一つのヨーロッパ世界を形成して実体として存在しているかのように教科書や地図帳や年表で扱われ、そのように私たちは思い込む。そして、それとはまったく別の地域区分で「中東」あるいは「西アジア」の地理と歴史を学ぶ。公民の倫理にいたっては、中東世界に学ぶべき思想家などいなかったかのように、古代ギリシャ哲学から、中世キリスト教思想を経て、近現代の欧米哲学へと一直線である。

　だが、視線を少し南へとずらし、地中海を中心に置いて地図をよく見直してみよう。中心を凝視するというより、地中海をぐるりと囲む陸地をぼんやり眺めるのだ。そうすると、地中海というまるで湖のような内海を陸地が三六〇度囲んでいることが分かる。スペインとモロッコのあいだのジブラルタル海峡は最も狭いところでわずか一四キロ強。数千キロを見渡せる縮尺の小さな地図で見れば「地続き」に等しい。ここで地中海は、陸地と陸地を分断するものではない。逆に、陸地と陸地を繋ぐものだ。狭く穏やかな内海であればなおさらのことだ。古代から地中海沿岸は各地に港町が栄え、船によって多くのヒト・モノが行き交いながら、政治・経済・文化が発展してきた。

その一局面としての一六世紀を、碩学フェルナン・ブローデルは大著『地中海』で論じ、それを契機に「海から見た歴史」、つまり「陸地を繋ぐもの」としての「海」に注目し、大陸間や島嶼間のネットワークとしての歴史研究が注目されるようになった。とりわけ、地中海については、ヨーロッパと中東（西アジア）・北アフリカとを、多様で多層的な複合文化世界として描き直すことが可能であり、単独の「ヨーロッパ圏」や「中東圏」という閉じた実体として捉える歴史が批判されるようになってきた。まずは地中海世界という広域ネットワーク圏が古代から存在していたのだ。そこが出発点である。

2 「一神教」と分断されたアブラハムの身体

そもそもユダヤ教とキリスト教とイスラームとが、神と預言者と聖典とを共有する「一神教」として生まれたのが中東であることを、冷静に思い起こしてみよう。ここには二つの重要な歴史的事実が含まれる。一つはこの「一神教」が中東世界から環地中海圏の各地（ヨーロッパや北アフリカも含む）へと伝播していったこと。もう一つは、ユダヤ教／キリスト教／イスラームが別々の宗教ではなく一つの「一神教」のなかの宗派的な差異をもつ分派であり、またそれぞれの内部にも複数の分派をもつことだ。どの宗派もみな「預言者」が「神」の言葉を預かり伝え、その言葉を聖典へと編んでいき、その解釈を重ね宗教体系をなしていった。トーラー（モーセ五書）も新約聖書もクルアーンも、そうして編集された書物であり、より後から分派した宗派にとっては書物は「聖典」として認められており、重視されている。すなわち、キリスト教徒にとってはトーラーもまた旧約聖書の核をなす聖典であり、ムスリムにとってはクルアーンだけでなく旧約聖書も新約聖書も聖典なのだ。

預言者についても同様のことが言える。すなわち聖書に登場する預言者たちはムスリムにとっても重要な預言者でもある。ここでは最大の預言者アブラハムについて考えよう。というのも、アブラハムはユダヤ人の祖先でありかつアラブ人の祖先でもあるからだ。アブラハムの息子のイサク（ヘブライ語ではイツハク、英語的に言えばアイザック）と、イシュマエル（アラビア語ではイスマーイール）は、それぞれにユダヤ人の祖、アラブ人の祖とされる。したがって、その父であるアブラハムはユダヤ人にとってもアラブ人にとっても最も重要な祖先ということになり、つまるところその両民族は血を分けた兄弟ということになる。

アブラハムはカナンの地（パレスチナ）のヘブロンという街で没し葬られた。ヘブロンは、アラビア語でアル・ハリールと呼び、ヨルダン川西岸地区の南部に位置し、現在ではイスラエルによって軍事占領下に置かれている。そこにアブラハムの棺を保管する墓廟は現存する。このアブラハム廟の状況は、民族分断をあまりにもよく体現している。アブラハムの名はアラビア語では「イブラーヒーム」と呼ぶ。ムスリムのアラブ人たちによって墓廟は「イブラーヒーム・モスク」として管理されてきた。しかし一九六七年の第三次中東戦争で、ヘブロンも含むパレスチナのヨルダン川西岸地区がイスラエルの軍事占領下に置かれると、すぐさまモスクに隣接する一帯にユダヤ人が入植地を築いた。何よりもそこに「アブラハム廟」があるからだ。廟＝モスクはヘブロンの旧市街に位置しておりアラブ人の居住地域でもあるため、そこに強引に入植しようと、とりわけ原理主義的に強い信仰をもつユダヤ教徒たちが、イスラエル軍によって守られまた自らマシンガンで武装して入植していった。以降ヘブロンの住民はひじょうに強い軍事的抑圧を受けながらの生活を余儀なくされている。

そしてイブラーヒーム・モスクも、武力によってユダヤ教徒たちのために内部を分割されることとなった。ちょうどアブラハム（イブラーヒーム）の棺を挟んで、アラブ人もユダヤ人もそれぞれの側から礼拝ができるように壁が設置されたのである。一つの建物の内部が、ムスリムのモスクとユダヤ教徒のシナゴーグというそれぞれの礼拝所に分割されたのだ。もちろん棺こそ二つに分割されはしなかったが、アブラハムという一人の預言者の棺を跨ぐように壁が設置され、棺は鉄格子に囲われ、どちら側からも覗き見ることができるが直接触れることはできないようになっている。一人の父祖の身体をめぐって、なんとも悲しく滑稽な光景が広がっている。

私は仕事柄、日本からの研究者や学生を連れてパレスチナ／イスラエルを歩くことがあるのだが、できるだけこのイブラーヒーム・モスク（アブラハム廟）を案内し、かつ、モスク側とシナゴーグ側の両方から鉄格子越しに一つの棺を眺めてもらうようにしている（状況次第で警備しているイスラエル兵によって入場が禁止されることがあるが）。問題は二つの別々の宗教の争いではない、ということを、リアルに感じ取ってもらおうと意図しているのだ。ユダヤ教・キリスト教・イスラームともに、同じ「神」、同じ「預言者」を共有する一神教であり、いずれも中東で派生し地中海圏へ、さらにその先へと伝播していった経緯を知ってもらいたいのだ。

3「ユダヤ・ディアスポラ」とは何か

ところで、世界に離散するユダヤ人が第二次世界大戦後の一九四八年、パレスチナにユダヤ人国家として建設したのがイスラエルである。建国運動、いわゆるシオニズム運動は一九世紀後半にさかのぼることができるが、そこで語られる物語は、古代イスラエルから「離散」したユダヤ人たちが、神との「約束の地」に「帰還」した、というものだ。この離散状況ないし離散ユダヤ人のことを長らく「ディアスポラ」と呼び習わしてきた。「帰還」して結集して建国すれば「ディアスポラ」が終わってイスラエルが「復活」するというわけだ。それゆえシオニズム運動はしばしば「ディアスポラの否定」と言われる。これはしかし、実のところユダヤ人国家を正当化する政治神話だ。

二つのことを指摘したい。古代イスラエルがバビロニア王国やローマ帝国によって攻撃を受け、ユダヤ人が捕囚を受けたり離散させられたりしたことは、ユダヤ教のヘブライ語では「ガルート」と呼ばれる。ガルートとは、神罰として祖国を失ったことを指す神学的概念である。すなわち核心は、たんに地理的に離散していることではなく、罰を受けて追放されていることであり、その罰が赦されるのかどうか、つまり贖罪がなされて救済されユダヤ王国の復活が認められるかどうかは、終末に神の審判がくだされるまで分からないのだ。それまではひたすら罰の意味を考え、信仰に敬虔に生きる以外にない。したがって、このユダヤ教思想からすると、人為的に帰還して結集して政治力と軍事力で国家建設をするというのは、まったくの俗世間のことであって、それどころか神の意思に背くことさえ意味し、背教行為となる。

第二に、ではなぜそれが「ディアスポラ」の名で呼ばれるのか。そもそも「ディアスポラ」とはギリシャ語であり、「ディア」が「あちこちに」、「スポラ」が「種子がまかれている（散らばっている）」という意味であり、それゆえディアスポラは「離散」と訳される。古代ギリシャの時代にすでにギリシャ人たちは地中海のあちこちに移住し植民都市を建設していた。それが上記の意味でのユダヤ人の追放（ガルート）に当て嵌められたのは、紀元前三〜一世紀頃にヘブライ語聖書をギリシャ語に翻訳する過程で（いわゆる「七十人訳聖書」）、ユダヤ思想に固有な概念でありギリシャ語で同じ言葉がないため、地理的離散を意味する「ディアスポラ」に置き換えられたことに起源がある。

しかし「ディアスポラのユダヤ人」という表現が一般化するのは、一九世紀シオニズム運動が展開される過程においてであった。だがそのことに触れる前に、これに付随して二つのことを指摘したい。

第一に、バビロニアによる捕囚であれローマによる追放であれ、その地を離れたユダヤ人はごく一部の階層のみであり、大半の一般住民はその地に残り、時代の変化に応じて、キリスト教を受け入れたり、イスラームを受け入れたりしていった。すなわち後代のパレスチナのアラブ人（すなわちパレスチナ人）となっていく人びとである。

第二に、すでに紀元前のヘレニズム時代において、多くのユダヤ人が地中海ネットワークを通じて自由に往来し地中海沿岸の各地にユダヤ人共同体をつくっていた。これは迫害による追放とは関係がなく、むしろ古代ギリシャ人の植民都市と同じ構造である。すなわち、ユダヤ人はギリシャ語源に忠実な意味での「ディアスポラ」を古代ギリシャ人とともにおこなっていたのだ。これによって地中海世界にユダヤ教も伝播し、またそれが改宗によるキリスト教の伝播の下地にもなった。

ここから言えるのは、地中海世界においては、古代から中東・南ヨーロッパ・北アフリカの各地のあいだで、人の行き来と移住があり、宗教文化の伝播や改宗が活発にあったということだ。

4　シオニズム思想とディアスポラ主義

だが、一九世紀のヨーロッパで国民国家の形成が進むにつれ、「国民」の要件をめぐる論争が噴出、結果マジョリティであるキリスト教徒の国民らによって、「非国民」とされたユダヤ教徒への迫害が強まっていった。政治・経済の次元でも権利の剥奪が行なわれたが、それを理論化する「科学」の名の下の人種主義も展開され、ユダヤ人を追放したり虐殺したりするような物理的な暴力も行使された。そうした背景から、一九世紀後半にヨーロッパで「ユダヤ人国家論」すなわちシオニズム思想が発生し、ヨーロッパの「外」の「どこか」に「ユダヤ人のための国家」を建設しようという動きになっていく。当初はウガンダ・ケニア（英領東アフリカ）、シナイ半島（英保護国エジプト）、マダガスカル島（仏領）、南米などさまざまな地域が検討された。ヨーロッパの植民地や保護領など、外交力で現実的に建設しやすいことが優先されたからだ。

だが、ユダヤ教の聖地であるエルサレムを含むパレスチナにその建国の地を定めるべく、「離散と帰還」の物語、すなわちディアスポラとその終焉の物語が口の端にのぼるようになった。曰く、古代に離散の憂き目にあったユダヤの民の末裔たちが、聖地に帰還を果たし国家を再建するのだ、と。それゆえ、建国の地はパレスチナ（古代イスラエル）でなければならないし、また、離散ユダヤ人はみなそのルーツが古代イスラエルにあるがゆえに、パレスチナへの移民（帰還）の権利が独占的にある、というわけだ。

しかしこれは、すでに前述の事情から明らかなように政治神話であり、ヨーロッパの近代的な人種主義の写し鏡のユダヤ人種論である。ヨーロッパ諸国から「血の異なる人種」として迫害されたことを逆用し、「ユダヤ人種」を自らのアイデンティティとし、しかもそれを古代の「離散」の神話によって正当化したのだ。

だが、バビロニア王国とローマ帝国による捕囚と離散はごく一部のユダヤ教徒に限られ、逆にヨーロッパと北アフリカを含む地中海圏のユダヤ教徒のほとんどは古代から交易のため移住してきた者や、布教や伝播によって改宗した者の子孫なのであって、迫害を受けた難民（例えば現代のパレスチナ難民）のように帰還が権利として認められるような存在ではない。各地のユダヤ教徒コミュニティは、多宗教・多文化的な地中海交易圏を古くから形成してきた一宗派であるというだけのことなのだ。

したがってシオニズム思想は、きわめて近代的な発明であり、むしろ歴史的・文化的な多様性（あるいは多様な歴史・文化）を否定した単一人種主義であるということになる。繰り返すがこれは、歴史観の違いなどで相対化できる思想ではなく、虚偽と断言していいレベルの神話であり、同時に近代におけるヨーロッパ国民国家形成による副産物なのだ。現代イスラエルという「単一人種主義国家」は、ヨーロッパでの人種差別を逃れるためという起源がありつつも、そのヨーロッパがとったのと同じ人種主義によって、先住アラブ・パレスチナ人に対して、迫害という暴力をも反復してしまったのだ。

　これに対して、宗教的に敬虔なユダヤ教徒から、ディアスポラこそがユダヤ文化の核心であるという対抗的な思想が提起されてもいる。近代シオニズムが人為的で世俗的な政治権力に基づくものであり、神の意志に背くもの、すなわち背教行為であることはすでに述べた。近代シオニズムに異を唱える彼らは、むしろユダヤ教徒の伝統というのは、排他的な国家権力を持たず異教徒の支配下にあっても自らの宗教文化を維持したり、あるいは支配的な他者の文化と混淆しつつ独自の文化発展を遂げたりするところにこそあるという。私が友人の赤尾光春さんと共訳したアメリカ合衆国在住のジョナサン・ボヤーリンとダニエル・ボヤーリンのユダヤ思想家兄弟はこれを「ディアスポラの力」と逆説的に表現する。強力なナショナリズムで均質に国民統合を進め、異質な他者を排斥したり支配したりすることが「力」なのではなく、権力や暴力を持たず、他者たちに囲まれながらも文化的アイデンティティを保持したり、越境的に複合的な文化を生み出すことが、ユダヤ思想にある肯定的なディアスポラ主義であり、その「無力さ」こそが逆説的に「力」だと述べる。

5 「地中海人」ジャック・デリダと「辺境」としてのヨーロッパ

こうした環地中海圏から見た視点で、「ヨーロッパの普遍性」や「ヨーロッパ中心主義」を哲学的に根本から批判したのは、仏領アルジェリア生まれのユダヤ人であるジャック・デリダである。「フランス現代哲学」で知られるデリダは、辿れるかぎりアルジェリアのユダヤ人家系の生まれであり（つまりパレスチナやヨーロッパから移民をした記録が残っているわけではない）、大きく見ればアラブ文化圏にいたが、しかしフランスのアルジェリア植民地支配によってフランス語を母語とした。デリダが生まれた一九三〇年の時点では、アルジェリアのユダヤ人にフランス市民権を与える法律があったのだが、第二次世界大戦中の一時期その法律は廃止されたため市民権剥奪をデリダは経験した。そののちデリダは、一九四九年にパリへ渡る。一九六二年にアルジェリアがフランスから独立すると、フランス系住民の本国引き揚げとともに多くのユダヤ人がフランスに移住。デリダの家族もその波のなかでやはり移住し、フランス市民権を取得した。「故郷」アルジェリアは完全に「外国」となった。

　そのようなアルジェリア＝フランスの、アラブ＝ユダヤ系の哲学者が書いた稀有なテクストの一つに『他の岬』がある。それは、ヨーロッパが「普遍的中心」なのではなく、地理的にはむしろアジアから突き出した「岬（cap）」つまりは辺境であり、しかしそれがある種の「先端（cap）」的な哲学と「資本（capital）」の思想（つまり資本主義、キャピタリズム）をも生み出した、という両義性に注目するのである。ヨーロッパを「岬」と表現したのは、第一次世界大戦直後の一九一九年に「精神の危機」を著したポール・ヴァレリーであり、それを読解するデリダが

『他の岬』を発表したのは冷戦終焉の直後の一九九一年のことであった。背景には、東西冷戦の終わりを、すかさず西欧民主主義の勝利でありかつ「歴史の終わり」であると宣言する、俗流ヘーゲル主義哲学に対する痛烈な批判がある。「歴史の終わり」というのは、アメリカ合衆国の新保守主義（ネオコン）のイデオローグであったフランシス・フクヤマの一九八九年の論考である（一九九二年に、加筆して単行本化）。フクヤマは、ヘーゲルの歴史哲学を利用しつつ、冷戦終焉によってソ連・東欧の共産主義に対し米国・西欧の民主主義が勝利し（共産主義に対する資本主義の勝利でもあり、共産党独裁に対する民主主義の勝利でもある）、古代から続く王国や帝国の覇権をめぐる争いが最終決着した、と主張した。

　フクヤマが下敷きにしたヘーゲルの歴史哲学は、こういうものだ。東洋から西洋へと論を進めつつ、社会の進歩は「人間精神」に「自由」をもたらす「国家形成」にあるとして、中国、インド、ペルシャ、エジプトは「前歴史的」な未熟な段階にとどまるものとみなされ、ヨーロッパの歴史から切り離される。そして、ギリシャ世界、ローマ世界、ゲルマン世界へと真の歴史が進展するとする。すなわち都市国家ポリスを生み出した古代ギリシャこそが西洋文明の発祥の地であり、ローマ帝国で法体系・権力機構が整えられ、ゲルマン世界で宗教改革によってキリスト教的な神のもとでの自由と平等が実現する、といったことがヘーゲルによって評価されている。フクヤマのヨーロッパ民主主義を完成形態とみなす歴史観の原型がここにある。

　だが私たちがすでに見てきたように、古代から環地中海圏という単位で、つまり中東・ヨーロッパ・北アフリカの範囲を一つの共通の時空間として、政治・経済・文化は混じりあい、折り重なり、展開されてきた。キリスト教だけを特権視できないことも、「アブラハムの一神教」の観点から明らかであった。だからこそジャック・デリダは、ポール・ヴァレリーのことをあえて「地中海の人＝精神《エスプリ》」と称し、同時にアルジェリアから地中海を渡ってきた自らのことを「フランス的でも、ヨーロッパ的でも、ラテン的でも、キリスト教的でもない、他の縁＝沿岸からやってきた私」とも呼んでいる。自らもまた「地中海のエスプリ」の一人であるというわけだ。

そのデリダがヴァレリーの思想を通して問おうとしているのは、特殊性と普遍性の逆説だ。特殊ヨーロッパという、しかも「岬」などという辺境から生み出された資本主義や民主主義が、もしかりに普遍的だと言うのであれば、そして真に普遍的価値をもつのであれば、それはヨーロッパの境界線を無化するはずだ。すなわち、ヨーロッパをその名のもとに再同定しようとする行為は、同時に、「ヨーロッパではないものに向かってヨーロッパを開くように命じる」ことになる、という逆説である。

デリダはいわば「地中海人」であり、「ディアスポラのユダヤ人」だ。もちろんここで言うディアスポラとは、近代シオニストの物語で神話化されたユダヤ王国の敗北崩壊による「追放」ではなく、古代ギリシャ人の地中海圏への移民・入植と並行していたユダヤ人の「拡散」という、本来の意味でのディアスポラだ。あるいは環地中海圏でのアブラハムの一神教の伝播と改宗によるユダヤ教徒の「拡散」。そして同時に、ヨーロッパの中心性や純粋性や支配権力を否定し、外へと開いていこうとしている点で、デリダはボヤーリン兄弟の言う意味でのディアスポラ主義者でもあると言えるだろう。

6 アラブ・イスラーム世界がギリシャ古典を翻訳した

このように地中海ディアスポラの思想によって、ヘーゲルの歴史哲学とヘーゲル主義的な西洋中心主義が批判されているが、とりわけ古代ギリシャ・ローマをヨーロッパに直結させて独占させる思考をより根底から批判する視点を、アラブ・イスラーム史に見ることができる。

まずあらためて地図を凝視してみる。ギリシャは、たしかにアドリア海を挟んでイタリア半島がすぐそばにあり、ギリシャ・ローマ世界が重なりまた連続していたことは了解できる。だが同時にギリシャは、エーゲ海という多島海を挟んですぐにトルコに隣接しており、古代から多くの文化と戦争の歴史を共有している。そのトルコのすぐ南にダマスクスを擁するシリア、そのすぐ南にはエルサレムを擁するパレスチナ、そのすぐ南西にはアレクサンドリアを擁するエジプトだ。この一帯が陸路・海路の両方でもって古代から濃密な交易と交流を持っていたことは明白だが（先にヘブライ語聖書のギリシャ語への翻訳も見た）、しかし、古代ギリシャはこのような地理・歴史から見て、むしろ「中東」の一部をなしているのであって、ヨーロッパの一部とは言えない。実際、ヘーゲル以降のヨーロッパ哲学者たちが誇るような、西洋哲学の起源としてのギリシャ古典などというものは、歴史的連続性のなかには存在しない。ヨーロッパはギリシャ古典を、すなわちプラトンやアリストテレスを、一二世紀ルネサンスまで知らなかったのだから。

では、いつどのようにしてギリシャ古典がヨーロッパのラテン語圏に伝わったのか。それを媒介したのはアラビア語であり、またそのアラビア語が中東地域へ、そして中東から北アフリカとヨーロッパへと広められたのはイスラームの拡大によってであった。すなわち、ギリシャ古典がヨーロッパにもたらされたのは、近現代ヨーロッパが見下し毛嫌いしているアラブ・イスラーム文化によってであったということになる。

まずはギリシャ時代の哲学や科学は、五〜六世紀頃には古代のシリア語に翻訳が盛んに行われていたが、八〜九世紀頃になると、アレクサンドリア図書館のギリシャ古典文献を移してバグダードに大きな図書館（「知恵の宝庫」、拡充し改め「知恵の館」）が建設され、ギリシャ語文献が収蔵され、組織的にアラビア語に翻訳していくこととなった。アリストテレスの書物も九世紀頃にアラビア語に翻訳されている。そしてその前の七世紀にイスラームが興りその後に急速に広まったことも、その聖典クルアーンによるアラビア語の普及に大きな役割を果たした。預言者ムハンマドが受けた神の啓示はアラビア語でクルアーンに書き記され、アラビア語は「神（アッラー）の言葉」とされたため、イスラームの拡大がアラビア語の拡大をもたらしたのだ。

特筆すべきは、イベリア半島（現在のスペインとポルトガル）のイスラーム統治である。早くも八世紀にはイベリア半島はイスラーム王朝による統治下に入った。イスラーム統治下イベリア半島では、ユダヤ教徒もキリスト教徒も共存しており、さまざまな思想・文化・学問が混淆しつつ栄えた。コルドバやトレドには数多くの図書館や研究機関がつくられ、バグダードやアレクサンドリアから大量のアラビア語の書物が運び込まれた。各地からユダヤ教徒とキリスト教徒がさらに流入し、各宗派の学者らが結集した。一二世紀のコルドバで最も著名な哲学者モーゼス・マイモニデスは、アラビア語に精通していたユダヤ教徒であり、モーシェ・ベン＝マイモーンというヘブライ語名と、ムーサー・イブン＝マイムーンというアラビア語名をもっていた。また一二〜一三世紀のトレド（イベリア半島の中央にあり、様々な王朝の支配と多宗教の影響を受けた都市）では、翻訳学派が共同作業でアラビア語の書物をラテン語へと翻訳する作業を進めていたが、そのなかにアリストテレスの哲学書をはじめ、ギリシャ語からアラビア語に翻訳されたさまざまな科学書や医学書や宗教書が含まれていた。これらのギリシャ古典がさらにラテン語に訳され、ピレネー山脈を越えて、ヨーロッパ各地へと広まっていったのだ。

さらに加えれば、そのアラビア語文化圏の形成には、インドの思想と科学とを媒介したペルシャ語文化圏との交流が貢献している。東にインド、西にアラブと接しているペルシャ文化は、その両隣の文化と密接に相互浸透をしながら発展してきた、とペルシャ人のハミッド・ダバシが述べている。「ハミッド」というアラビア語の名前と「ダバシ」というサンスクリット語由来の姓をもつイラン出身の合衆国知識人のこの発言は注目に値する。そもそもアラビア語で活動をしていたペルシャ出身の学者、ペルシャ語で活動をしていたアラブ出身の学者、あるいは両言語を操り越境的に移動していた学者は、「ペルシャ人」とも「アラブ人」とも単純に割り切ることはできないのだ。

　こうして見ると、ヘーゲルやそれ以降の哲学者たちが古代ギリシャを「ヨーロッパの発祥の地」として独占したり、あるいは冒頭で触れたように現在の難民問題でヨーロッパと中東とを対立的な異世界としたりするような捉え方が、いかに歴史の多様性／多様な歴史性を抹消した暴論のうえに成り立っているのか、いかに同じ環地中海圏を形成してきた中東イスラーム世界の排除と隠蔽のうえに成り立っているのかがわかる。

　だが、いつから共存と混淆が排除されてきたのだろうか。決定的な転換点となるのは、一四九二年のキリスト教徒による「レコンキスタ」の完成、すなわちイベリア半島の再征服である。イスラーム統治下での共存時代とは異なり、このときの最大の特徴は、純粋なキリスト教社会が目指され、ムスリムとユダヤ教徒に対して、追放ないし改宗の命令がくだされた。「アブラハムの一神教」という歴史を共有した多様な宗教が否定され、キリスト教の「純粋さ」が求められたことから、ヨーロッパにおける人種主義が発生する。すなわち、異教徒は本質的にヨーロッパ人ではありえないということになり、たとえばユダヤ教徒は、「ヨーロッパ人のユダヤ教徒」ではなく、「人種的に異なるユダヤ人」という存在へと変質していき、反ユダヤ主義、排外主義が興っていった。ムスリムにいたっては、地理的にヨーロッパの外部へと放逐されてしまった。こうしてユダヤおよびイスラームが媒介し翻訳してきた地中海世界の文化的伝統が抹消され、ギリシャ古典＝ヨーロッパ近代を一直線に結びつける歪曲が可能となったのである。

おわりに

世界にはこれだけの豊かな文化混淆の積み重ねがあった。冒頭で触れたような〈ヨーロッパ対中東〉および〈キリスト教対イスラーム〉という対立図式とはまるで異なる風景が、古代・中世には広がっていたのだ。私たちは、現在の貧困で単純な思考を乗り越えるためにも、この歴史を振り返っておく必要がある。

　この貧困で単純な思考を強く規定しているものとして、前述のフランシス・フクヤマとともにアメリカ合衆国のネオコンのイデオローグの一人であるサミュエル・ハンチントンの「文明の衝突」論がある。ハンチントンがこの論文を発表したのは、フクヤマと同様にやはり冷戦終焉からまもなくの一九九三年であった（同名で一九九六年に大部の単行本として刊行）。ハンチントンは、冷戦が終わった後は、資本主義と共産主義のイデオロギー対立に代わって、諸文明ごとの衝突が対立の軸をなすと述べているのだが、実際には主要な衝突は、西洋文明とイスラーム文明のあいだで生ずるとしている。フクヤマが「欧米民主主義の勝利で歴史が終わった」としたのとは視点が異なり、かつより攻撃的である。

これは学問的な分析というよりも、対立の煽動であった。アメリカ合衆国ならびに西欧諸国にとっての「仮想敵」を、これまでの共産主義からイスラームに切り替えて世界戦略を立て直せ、という煽動であり、つまりイスラームは敵だという宣言だ。

もちろんこれは歴史と現実の複雑さを無視した危険な単純化だ。欧米世界には数多くの生身のムスリムが暮らし、イスラーム文化も継承されている。他方で、欧米が敵とみなす中東イスラーム世界には、数多くのキリスト教徒が暮らし、キリスト教文化が継承されている。敵視政策は、二一世紀に入って、アフガニスタン戦争やイラク戦争を引き起こしたし、その結果として発生した難民に対する排斥を生み出した。さらにはそれ以前から欧米世界に暮らしているムスリム市民に対する差別・迫害をも誘発したのだ。

私たちがこうした排外主義を克服するためのカギは、環地中海圏における古代・中世のディアスポラの歴史にこそある。もっと多様で複雑な世界でありながら、人々は共存をしていたのだから。

第7章 パレスチナ人ディアスポラとクルド人ディアスポラ
——中東分割で離散と対立を強いられた民族

はじめに

日本にクルド人難民が集住する「ワラビスタン」がある。「ワラビスタン」とは、埼玉県蕨《わらび》市および隣接する川口市にクルド人難民・移民が集住していることから、「クルド人の国」を意味する「クルディスタン」をもじった呼称だ。在日クルド人は約二〇〇〇人と推定され、その過半数である約一五〇〇人がこの地域に暮らしていると見られる。だが正式な統計は存在しない。なぜならそもそもクルド人の国家は存在せず、日本の行政において「クルド人」として把握されることがないからだ。

それでは、クルド人とは何者か？　そしてクルディスタンとは何か？　いくつかのルポルタージュや研究書が日本語でも刊行されてきたものの、しかし関心を寄せてきたごく一部の人びとを除いて、広く知られている存在とは言えない。手短に説明すると、クルド人たちは主にトルコ、イラン、イラク、シリアの四ヶ国にまたがる国境地帯に暮らす民族であり、クルディスタンは広義にはそのクルド人たちの暮らす一帯を指す。だが、分断されて各国にそれぞれ支配されている状況にあり、日本に入国したクルド人たちも「クルド人」という民族として認定されることがなく、それぞれの出身国民として把握されるのみである。

それにしても、なぜ数多くのクルド人が日本に来ているのだろうか？　そしてなぜクルド人が難民となっているのだろうか？

その問いを考察するに際して、より根本から理解するために、もうひとつの「国なき民」「分断された民」であるパレスチナ人たちを本章では並べて考えよう。パレスチナ難民も含むパレスチナ問題は、クルド人問題よりもその存在はよく知られてはいるだろう。詳細はさておいても、また欧米メディアのイスラエル寄りのバイアスはさておいても、中東和平の核心として大手メディアで取り上げられているからだ。パレスチナ人たちも「国家」を持っていないこと、いくつもの国境線や境界線で分断されていることなどで、クルド人と共通する問題を抱えている。またパレスチナはシリアにも隣接しており、地理的に言っても、クルド人問題は近いものがある。のみならず、その両者の分断と離散は、歴史上一連の出来事に起因しているのだ。

ここでは、クルド人とパレスチナ人の抱える問題を並べながら考察していくこととする。

1　多国間植民地クルディスタン

まず、クルド人が国家を持つことができず、主に四つの国家に分断されている状況から確認していこう。

クルド人がおもに居住しているのは、トルコの南東部から国境を接するシリア北東部、イラク北部、イラン北西部にまたがる地域である。広義にはその一帯が「クルディスタン」つまり「クルド人の国」と呼ばれるが、しかし、その地域に一つの統治単位としての正式な国家が成立したことはない。ペルシャ語系のクルド語を話す民族であるが、国家がない以上統一した公用語となったことがないため、クルド語はいくつかの方言として認識されたままである。

人口は三〇〇〇万人以上ともされるが、独自の国家がないことに加えて、以下に見るように居住する各国でその存在を否定されてきたため、統計的な把握ができていない。それにしても三〇〇〇万人という数字は優に一国家を形成するに十分な人口規模であることは明らかである。

このクルディスタン地域は、ペルシャ王朝とオスマン帝国とのあいだで覇権争いがなされ、長く両者の緩衝地帯として分割されてきた。とくに一七世紀にサファヴィー朝ペルシャとオスマン帝国とのあいだで結ばれたゾハーブ協定によって、クルディスタン内の主要都市の帰属が確認され、それがその後の国境線の基礎となっていった。一九世紀に入りガージャール朝ペルシャとオスマン帝国とのあいだで二次にわたって結ばれたエルズルム協定によって、国境線として領土が確定され、そこに暮らすクルド人らがそれぞれの政権の「臣民」とされていくこととなった。この際に忘れてはならないのは、すでにロシア帝国と大英帝国がこの地域への利権を求めて干渉してきており、それに抵抗するために領土確定が進められていったということだ。

このガージャール朝側のクルディスタンは、二〇世紀に成立する現代イラン国家の領土におよそそのまま帰属することとなった。他方で、オスマン帝国側のクルディスタンは、やはり二〇世紀初頭の第一次世界大戦による敗北に端を発するオスマン帝国の解体過程で、トルコとイラクとシリアに分割されることとなった。そのオスマン帝国解体の詳細は後で述べることとして、ともあれ、こうしてクルド人たちは四ヶ国にまたがる民族として分断されることとなった。

四ヶ国それぞれに帰属するクルド人たちは、それぞれの近代的な国民国家体制のなかに強力に取り込まれていくこととなる。すなわち、領土主義と国民主義に統制されて、独自の民族運動を禁止されてしまう。その存在を否定され、言語を禁止され、アイデンティティを抹消され、自治を拒否されていく。四ヶ国による分断体制が固定化されて以降は、それぞれの国家内の政治情勢の変動に応じて、各地域で独立運動が興隆した。それに対する弾圧が激化したり、あるいはそれぞれの国境間での駆け引きが活発になったりしたが、各国で共通しかつ現代史を通じて一貫しているのは、クルド人たちが民族集団として尊重されることがないという現実だ。自国内のクルド人は抑圧の対象であり、国境の向こう側に生きるクルド人たちは政争の具であった。隣国との戦争や紛争を抱えているときにはそれぞれの国は、敵国内のクルド人に対しては、相手の国家を脅かすことができる存在として援助さえしたのであった。

たとえばイランは、イラン革命（一九七九年）前のパフラヴィー政権下でも革命後のホメイニー政権下でも変わらず、国境紛争の最中に隣国イラクのクルド人組織に武器援助をし、イラク国内でのクルド人独立運動を煽ってイラク体制に揺さぶりをかけたが、自国イラン内のクルド人の民族運動は弾圧しつづけた。

また、トルコ内のクルド人独立運動の強力なリーダーでトルコ政府から指名手配されていたアブドゥッラー・オジャランを隣国シリアは一九八〇年代から九〇年代にかけて受け入れ、さらにオジャランの率いるクルド人武装組織に訓練キャンプも提供してきたが、しかしシリアも自国内のクルド人の民族運動についてはやはり抑圧してきた。

こういった具合に、それぞれの国境を挟んでどの国もそうしたダブルスタンダードをクルド人に対してとってきた。ここではその詳細はこれ以上追わない。また、それら四ヶ国内のそれぞれのクルド人組織も一つではなく、その民族運動の路線や主導権をめぐってクルド人内部で複数の組織に別れて対立しているのだが、その分裂状況や個々の党派名にも論及しない。それらを詳述することがここでの目的ではないからだ。ひとまずは、クルディスタンがどの地域で、どのような分断状況におかれているのかを確認するにとどめる。

2　クルド人ディアスポラ

次に、こうしたクルド人たちがクルディスタンの外部へと流出・離散していく状況を見ていこう。

まず、四つの国家に分断されたクルディスタンは、それぞれの国家からの弾圧と、国家間の戦争や紛争による煽りと、クルド人組織どうしの抗争によって、数十万人もの死者の数を積み重ね、大量の避難民を出してきた。たとえばそれは、トルコ領クルディスタンからイラク領クルディスタンへ、イラク領クルディスタンからイラン領クルディスタンへといった、分断されたクルディスタン内での越境的避難であった。

第二に、とりわけクルド人口が最も多いトルコでは、長期にわたって最も強硬にクルド人の存在を否定して（「山岳トルコ人」と呼んだ）クルド語の使用も禁止してきたために、実際にクルド語を奪われ、クルド人意識を奪われ、東部山岳地帯を離れイスタンブルなどの大都市圏に移住してきたクルド人も数多い。国内移動ではあるが、故郷クルディスタンを離れたという意味では越境的な離散の一形態であると言える。

第三に、分断されたクルディスタンからの移民や難民の行き先として多いのは、ヨーロッパ諸国である。第6章の歴史的考察で見たように、トルコはギリシャと隣接しており、ギリシャのすぐ隣はイタリアであり、古代からこの一帯は関係の深い交流圏で同じ一つの地中海世界であった。そもそもトルコまでが「中東」でギリシャからが「ヨーロッパ」という分断線自体が恣意的で無根拠なものにすぎない。また第5章のヨーロッパの移民問題の考察で見たように、ドイツ（当時は西ドイツ）は第二次世界大戦からの復興過程で労働力不足に直面した際、地中海沿岸諸国との政府間協定で労働者を大量に導入したのだが、結果的に多くの余剰人口を抱えていたトルコから最大数の労働者を迎えた。そのトルコからの労働者たちは故国から家族を呼び寄せ子どもを生み育て急速に人口を増やし、現在ではドイツ在住のトルコ出身者は三〇〇万人ほどの人口になっている。このうち、三分の一の一〇〇万人近くが、クルド人アイデンティティの有無にかかわらず、クルド人であると推測されている。またそれ以外のヨーロッパ諸国、とくに大都市部にはどこにもクルド人コミュニティができているほどに離散クルド人が増えている（ドイツに次いで多いのがフランスやスウェーデンやオランダなど）。

第四に、上記の労働移民的なクルド人のほかに、一九八〇年代から九〇年代にかけてはトルコ政府とクルド人独立運動組織との緊張が高まり、激しい弾圧と抵抗が続いたために、トルコから難民となってヨーロッパに流入するクルド人が増加した。一九九〇年代から二〇〇〇年代にかけては、湾岸戦争およびイラク戦争とその後の国内での政情不安、イラク政府によるイラク北部のクルディスタンへの攻撃によって、イラクから難民化して脱出するクルド人が出てきた。二〇一〇年代にはイラクとシリアでの「イスラーム国」の台頭とそれに重なるシリア内戦の混乱によって大量のシリア難民が発生し、周辺の中東諸国とヨーロッパ諸国へ押し寄せたが、そのなかにはシリア北部のクルド人も含まれていた。すなわち、労働移民とは区別される政治難民・戦争難民としてのクルド人である。

こうしたさまざまなかたちで離散したクルド人を「クルド人ディアスポラ」と呼ぶ。

そして冒頭の日本へのクルド人難民の話につながる。日本へのクルド人移住者が増えてきたのは、一九九〇年代からと言われる。それ以前にはイランからの移住者が多くそのなかにイランのクルド人が含まれていたのが最初とも言われるが、既に触れたようにクルド人としての把握がなされていないために正確な調査がない。しかしたしかに一九八〇年代には、一九七九年のイラン革命後の混乱のなかイラン人が欧米へ逃れていき、日本への移住者も多かった（非正規滞在の不安定な労働者となった）。その後、上記のようにトルコから弾圧を逃れるための避難者が増えたときに、日本とトルコは友好国関係にあってトルコ人の日本への入国にビザが不要なことから、多くのクルド人避難者が日本へ観光目的の短期滞在者として入国し、そのまま滞在期限を過ぎても残り、難民申請をする、ということが増えていった。

だが第1章で論じたように、日本は「難民鎖国」状態である。ほとんど難民認定をしていないというのが実態だ。毎年数千人の難民申請に対して（近年は一万人を突破した）、認定数はわずか一〇人弱〜四十数人で推移している。クルド人で難民認定を得た者は皆無だ。結局ほとんどのクルド人たちは事実上日本へ避難してきたにもかかわらず、難民申請をしても却下されると収容され強制送還されてしまうため、申請をそもそもしないで非正規滞在者となって不安定な状態で日本に暮らしているケースも多い。日本人との結婚などを理由として在留特別許可を得ているクルド人もいるが、少数にとどまる。

クルド人ディアスポラはこうして日本にも流れ着いているにもかかわらず、そして蕨市を中心として「ワラビスタン」などという呼称まで登場しているにもかかわらず、日本における受け入れ状況や法的地位は、あまりにも酷いと言わざるをえない。移民労働者として市民権を得ていたり難民として庇護されたりして百数十万人のクルド人が暮らすヨーロッパとは天と地ほどの差がある。

3 オスマン帝国崩壊時に起きた分割

中東のなかでの分断と越境、そしてヨーロッパをはじめとした世界への離散。このディアスポラ状況が発生した根本原因である、第一次世界大戦後のオスマン帝国解体を見ていこう。というのも、このプロセスこそが、大英帝国、フランス帝国、ドイツ帝国、ロシア帝国（ソヴィエト帝国）などの中東地域に対する覇権と利権をめぐるせめぎ合いそのものであり、その結果としての中東分割であり、またその影響としてのクルディスタン分断だからである。すなわち、クルド人ディアスポラの根源は、およそ一〇〇年前の帝国主義的分割にあるということだ。このことは、世界史好き以外には忘れられがちなことなので、とりわけ強調しておきたいし、第一次世界大戦が絡むということは、そこには大日本帝国も一枚噛んでいるはずであり、その点からも私たちは歴史を軽視してはならない。

オスマン帝国の解体は、第一次世界大戦での敗戦に起因する。第一次世界大戦は一九一四年から一九一八年にかけて、連合国側にはイギリス、フランス、ロシアなどが、中央同盟国側にはドイツ、オーストリア＝ハンガリー帝国、オスマン帝国などが参戦した。この大戦中にすでに多民族国家であるオスマン帝国に対する切り崩しと分割の画策が始まっていた。一九一五年にはオスマン帝国内のアラブ民族主義を煽るためにイギリスは大戦後にアラブ人国家の独立を承認する密約を結び、オスマン帝国内でのアラブ人勢力に反乱を促した（フセイン＝マクマホン協定）。

翌一九一六年には連合国側の中心、イギリスとフランスとロシアの三ヶ国間でオスマン帝国領の分割に関する密約である「サイクス＝ピコ協定」が結ばれた。翌年にはロシア革命が生じてこの協定から事実上ロシアが離脱し、この協定はイギリス・フランスがおもにイラクを含む一帯とシリアを含む一帯の分割統治を取り決めたものとなった。その後さまざまな駆け引きがありサイクス＝ピコ協定のラインどおりに分割が進んだわけではなかったが、その大きな方向性を定める決定的な意味をもった。オスマン帝国領のクルド人が、帝国解体後に独立したトルコ、シリア、イラクにまたがって分断された起源もここにある。

さらに一九一七年にはヨーロッパで排斥されるユダヤ人たちにパレスチナでのユダヤ人の「郷土」建設を認める「バルフォア宣言」をイギリス政府が発した。これはヨーロッパ内部でのユダヤ人問題の解決をその外部ではかると同時に、パレスチナでのユダヤ人国家建国を目指すユダヤ人組織から戦争継続の支援を得るための取り引きでもあった。このパレスチナをめぐる諸問題については後の節で考察する。

ここで重要なことは、この三つの協約はすべて第一次世界大戦の最中に進められたものであること、すべてオスマン帝国領の戦後の列強による分割に関するものであるということだ。この三つの協約について、イギリス・フランスの利害と、対アラブ人と、対ユダヤ人とで、イギリスが相矛盾する行動をとった「三枚舌外交」だという非難があり、他方でそれに対し「イギリス・フランスの線引きとアラブ国家想定範囲とは必ずしも矛盾しないし、ユダヤ人の『郷土（ナショナルホーム）』は居住権を認めただけで国家ではないからやはり矛盾しない」という反論がある。だが、ここで矛盾かどうかは本質的な問題ではないし、イギリスが都合のいい線引きと言葉で抜け道を用意しているのは当然ながら明白であり、無矛盾性を指摘したところで帝国的ご都合主義に対する非難は免れようがない。

クルディスタン分断の話を進めよう。一九一八年にオスマン帝国が敗北。具体的にオスマン帝国の解体にともなう領土の分割が、戦勝諸国と周辺諸国とによって具体的に進められた。二度にわたって、つまり一九二〇年のセーヴル条約と一九二三年のローザンヌ条約によって、同地域に対する異なる線引きがなされていった。

セーヴル条約は、戦勝国と周辺国（イギリス・フランス・イタリア、ギリシャ、アルメニア）がそれぞれの利害を主張しながらオスマン帝国領をいわば「分捕り」していったものをそのまま固定化しようとしたものである。現在のトルコ共和国領にあたるアナトリア半島についてさえ、いくつもの地域に細切れにされていた。

とはいえ注目すべきは、その際クルディスタンが「自治領」として認められ、将来的な独立が約束されていたことだ。おもに現在のトルコ領クルディスタンにあたる地域にかぎられ、決してセーヴル条約が履行されていても、クルド人の分断が避けられたわけではなかったが、それでも独立国家の可能性が現実的にあったのだ。

だがこの細分化に反発したトルコ民族主義者たちがトルコ独立戦争で反撃してギリシャ軍やアルメニア軍を排撃し、現在のトルコ共和国の領土を確保して、セーヴル条約は破棄、一九二三年に連合諸国とのあいだでローザンヌ条約が結ばれることとなった。このローザンヌ条約が事実上、現在のトルコとシリアとイラクとの分割の基礎となっており（シリアとイラクの分割はセーヴル条約のまま）、クルディスタンの分断を決定的なものとしたのだ。

すなわち、帝国主義戦争としての第一次世界大戦と、その戦時中からのイギリスとフランスを中心とするオスマン帝国領への介入と、そして大戦後のオスマン帝国の解体過程におけるトルコ民族主義の台頭およびイギリス・フランスとの講和によって、クルディスタンの分断がもたらされたのだ。

4　パレスチナの分断の起源と日本の関与

ここでパレスチナ問題の起源にも迫りたい。というのも、ヨーロッパのユダヤ人問題の外部化と欧米の利害の反映としてイスラエルが存在しているため、パレスチナ問題は中東紛争（つまり中東和平）の核心部分としてより広く知られているが、実はその根源がクルディスタン分割と同根であるからだ。一般には聖書時代からの宗教紛争や、ヨーロッパ近代の反ユダヤ主義が原因のように語られるが、現在のようなパレスチナ地域の分断状況の起源はやはり第一次世界大戦後のオスマン帝国の解体過程におけるイギリスの介入にあるのだ。

イギリス軍はすでに第一次世界大戦中の一九一七年に、オスマン帝国領のパレスチナ地方に進軍して軍事占領を開始している。そして先に触れた一九二〇年のセーヴル条約の大枠を決めたサン・レモ会議によって、イラクとパレスチナ（現在のヨルダンも含む）をイギリスの委任統治領に、シリアとレバノンをフランスの委任統治領にすることを決定した。さらに一九二一年にイギリスの主導でカイロ会議が開催され、イギリス委任統治領パレスチナをヨルダン川で分割し、その東側をトランスヨルダン（現在のヨルダン王国）とし、西側を「パレスチナ」とすることを決定（翌一九二二年国際連盟承認）。この「パレスチナ」は、現在のイスラエル国家とヨルダン川西岸地区とガザ地区を合わせた範囲であり、いわゆるパレスチナ地域の範囲が確定する。

すでにヨーロッパ・ロシアのユダヤ人らによる自発的・組織的なパレスチナ入植活動は始まっていたが、イギリス委任統治領となったパレスチナには、イギリス委任当地政府の管理の下でさらに大規模に入植活動が進められていき、バルフォア宣言で約束をしたユダヤ人の「郷土」づくりを後押しした。

ここで確認しておきたいことは二点。まず、ヨーロッパ各地からのユダヤ人入植者たちは、ヨーロッパで迫害された避難者であると同時に、中東地域における大英帝国の利害を背負った帝国主義の尖兵でもあったということだ。ヨーロッパ内部での人種差別問題をユダヤ人集団ごと除去すると同時に、パレスチナにヨーロッパの「飛び地」をつくり、それをヨーロッパと中東・アジアとのあいだの「防波堤」とする、あるいは中東・アジアに対する「前哨基地」とするといった議論が公然となされていた。

第二に、イギリスとフランスによる帝国主義的な領土分割の側面ばかりが強調されがちであるが、しかし委任統治を決めた会議では、同時に、大日本帝国もまた関係している。第一次世界大戦で敗北したドイツ帝国が植民地化していた南洋群島の受任国となり、日本委任統治領として南洋群島を手に入れたからである。これは戦勝国間での相互承認であった。イギリス、フランスによるオスマン帝国領の分割受任を日本が承認するのとワンセットで、日本のドイツ領南洋群島の受任を両国が承認したのだ。その「委任統治」は、事実上は戦勝国による植民地の分捕りであるが、それが露骨になされることに対する批判をかわすために、発足した国際連盟の名の下に「統治を委任された」という形式を取って正当化したのが内実である。

すなわち、ここからさらに二つのことを強調しなければならない。第一には、第一次世界大戦によるオスマン帝国の解体と、その領土に対するイギリスとフランスによる帝国主義的な分割支配が、クルド問題とパレスチナ問題の共通・同一の根源であるということだ。この地域の民族問題や難民問題は、イギリスとフランスが引き起こしたと言ってもまったく過言ではない。第二に、日本はこれらの地域に対して無垢で中立的だとしばしば言われるが、しかし実際には、イギリス・フランスとの取り引きによって代わりに南洋群島を手に入れているのであり、間接的には関与しているということだ。イギリス・フランスほどの大罪ではないにせよ、無実を装うのは欺瞞と言うべきだろう。領土の分割や再分配が、まさに文字どおりに帝国主義的である以上は、その一翼を担ってきた日本が無関係であるはずがない。クルド問題にせよパレスチナ問題にせよ、日本はなにがしかの歴史的・道義的な責任を負っているのだ。

5　イスラエル建国とパレスチナ人の故郷喪失

　その後、パレスチナの分断とパレスチナ人の難民化に決定的な局面が来る。第二次世界大戦中および戦後直後にさらにヨーロッパからユダヤ人の避難民が流入し、イギリス委任統治の初期からあった先住のアラブ人のユダヤ人移民への不満は一層高まり、イギリスは委任統治者としての役割を放棄して国際連合に解決を委ねた。国連は一九四七年に「パレスチナ分割決議」を採択し、パレスチナをユダヤ人国家とアラブ人国家に二分することで解決を促した。

　この分割決議はしかし、何ら「解決」をもたらさなかった。というのも、この当時の人口比で約三〇パーセントのユダヤ人に対して五六パーセントの土地を配分し、約七〇パーセントのアラブ人に四三パーセントの土地を配分する（エルサレム周辺は国際管理地とする）というのは、不公平であるだけでなく、現実の居住地域の実態にも沿っていなかった（たとえば分割案で「ユダヤ人国家」として提示された地域内に数多くのアラブ人が居住していることについて何ら解決を示していなかった）。

　当然ながらアラブ人側は分割案を強く拒絶した。それに対してユダヤ人側は「受諾した」とほとんどの概説書には書かれているが、これは根本的な間違いである。ユダヤ人側は初めて領土的なものを獲得することになるため「歓迎」はしたが、エルサレムなしの五六パーセントの土地で「受諾」したことはない。それ以上の「最大限の土地」を望み、とりわけエルサレム奪取を狙い、それを実力行使、いわば武力で達成する道を選んだ。つまり、双方が不満を抱き、分割決議と同時に第一次中東戦争が開始されたのだ。ほとんどの概説書で「一九四八年五月にユダヤ人国家としてイスラエルが建国宣言をすると、それを承認しない周辺アラブ諸国が新生イスラエルに侵攻し、第一次中東戦争が勃発した」と書かれているが、これも根本的な誤解である。一九四七年の国連パレスチナ分割決議とともに戦闘が始まっているのだ（このあたりのことはイラン・パペ『パレスチナの民族浄化』に詳しい）。

　欧米諸国から武器の供与を受けたユダヤ人軍が圧倒的優位に戦闘を進め、パレスチナのアラブ人の村や街を一掃した。住民を虐殺したり追放したり、あるいは恐怖を与えて退居を促すなどし、大量のパレスチナ難民を出して、ユダヤ人国家の領土として一九四九年の休戦時点まで、パレスチナ全土の七七パーセントを占領し、分割決議を大幅に越えた範囲を事実上のイスラエル国家とした。残余の二三パーセントが、ヨルダン川西岸地区およびガザ地区として知られるアラブ人側の土地であるが、ここにアラブ人国家（パレスチナ国家）が建国されたことはない。「不当な占領」としてユダヤ人国家の建国そのものを認めない以上、当然二三パーセントの土地でのアラブ人国家（パレスチナ国家）を是とはしなかったからだ。

この第一次中東戦争で、大規模なパレスチナ人の分断と離散が生じた。パレスチナ人は西岸地区とガザ地区が「飛び地」となったために分断されたというだけではない。イスラエル領となった土地のなかにマイノリティとなったパレスチナ人がいて、「二級市民」「敵性市民」として差別されながらイスラエル国籍者として居住している。またそのイスラエル領から追放された、あるいは避難したパレスチナ人が、大量に西岸地区へ、ガザ地区へと逃げ込み、さらには隣国レバノン、シリア、ヨルダン、エジプトへと離散し、難民キャンプを形成した。長年の難民キャンプ暮らしを脱して、湾岸諸国へ、さらにはヨーロッパへ、南北アメリカへと移民するパレスチナ人も出てきている。パレスチナ・パレスチナ人もクルディスタンならびにクルド人と同様に、その故郷の土地はバラバラに分断され、その地に暮らす民族もまた寸断され、追放・離散を強いられてきた。しかもイギリスをはじめとする帝国主義列強の貪欲な介入によってそれはもたらされたのだ。その歴史体験を一言で表わせば、故郷喪失、ディアスポラ化ということになる。

6　パレスチナとクルドのディアスポラ、そしてナショナリズム

ディアスポラ化したクルド人とパレスチナ人は、故郷を取り戻すことができるのだろうか？　それは一体的な領土による独立国家ということになるのだろうか？　端的に言ってしまえば、もはや一体の領土をそのままに取り戻すことは、とうてい見込むことなどできない状況だ。未来永劫不可能とまでは言えないにせよ。

　クルディスタンについては、最も自治が得られているのはトルコ北部であり、二〇一七年に独立を問う住民投票を実施し、圧倒的多数によって独立が支持されるも、イラクの中央政府がこれを弾圧し、またクルディスタンを抱える隣国トルコとイランも独立運動が自国内に及ぶことを恐れて投票を批判したり弾圧に協力したりした。結局独立の画策は功を奏してはいない。シリア内戦と「イスラーム国」掃討でアメリカ軍に協力して存在を示したシリア内のクルド人勢力も、そのアメリカ軍のシリア撤退の方針によって梯子を外された格好になり、結局シリア政府には反抗できないでいる。そして四つに分断されたクルディスタンの独立運動はそれぞれ路線対立を抱えている。とても一つのクルド人国家など望むべくもない。

　パレスチナはと言えば、イスラエル国家の存在は絶大だ。パレスチナの民族抵抗運動を担っ

てきた各派がかつて唱えていた「パレスチナ全土の解放」つまりイスラエル国家の一掃など夢物語でしかない。当然いまやヨルダン川西岸地区とガザ地区、すなわちイギリス領委任統治領「パレスチナ」の二三パーセントでミニ国家をつくることが、最小ではなく「最大」の目標になってしまっている。

しかしそれさえももはや非現実的だ。一九六七年の第三次中東戦争で西岸地区とガザ地区も全面的にイスラエルが軍事占領下に置き、とくに西岸地区にはいまや六〇万人もの規模でユダヤ人入植地（巨大なニュータウン）があちこちにつくられているうえに、イスラエルの工場地帯と農業プランテーション、イスラエル軍基地・演習場も多く、西岸地区の六割はイスラエルが占有する土地となっている。つまり、歴史的パレスチナの事実上九割をイスラエルは支配下に収めており、パレスチナ人にはガザ地区および虫食い状態に寸断された西岸地区の一部しか残されておらず、その面積はパレスチナ全土の一割にすぎないのだ。

そして一九九三年のオスロ和平合意によってパレスチナには「暫定自治」が与えられているが、イスラエルとオスロ合意を承認したパレスチナの傀儡《かいらい》政権（ファタハ中心のパレスチナ解放機構）が細切れの西岸地区を統治する自治政府となり、オスロ和平の枠組みを批判する勢力（ハマス）は狭隘なガザ地区に封じ込められている。その西岸地区の自治政府とガザ地区で包囲された勢力が、パレスチナ人どうし対立を強いられているのだ。もしかりにそうした自治政府を正式に「国家」と呼ぶ時期が来ようとも、それは私たちが一般に想像する意味での国家とは似ても似つかないものでしかない。象徴的意味合いとしての国家であり、中東和平のアリバイづくりとしての国家である。

　だがそれでもなお、クルド人もパレスチナ人もそれぞれ民族独立を求めつづけている。どれだけ分断が深化し弾圧が激化しようとも、民族主義そのものが消えてなくなりはしないのだ。いやむしろ逆に、こう考えるべきなのだろう。クルド民族主義やパレスチナ民族主義は、イギリス、フランス、ドイツ、ロシアといった諸帝国が中東地域に介入し分断統治をしようとしたことに対する「抵抗」として発生し発展してきた思想・運動である、と。それ以前には、クルディスタンとして、あるいはパレスチナとして、独立国家を目指す運動はなかった。一九世紀にヨーロッパで広まった国民国家が遅れて二〇世紀に入ってナショナリズム形成に影響を与えた部分もあるだろうが、しかし決定的に大きかったのは、列強によって侵攻され分割や支配を受けた経験である。支配に対する反発として民族意識が芽生え、そして支配に対する抵抗として独立運動が発展してきたのだ。たとえばそれは、トルコ領クルディスタンでは一九二〇年代に断続的にあった反乱であり（二〇年コチギリの反乱、二五年シャイフ・サイードの反乱、一九三〇年アララトの反乱、一九三七〜三八年デルスィムの反乱）、パレスチナでは一九三六〜三九年の「パレスチナ独立戦争」とさえ呼ばれる「アラブ反乱」がある。

　したがって、二〇世紀の支配の過程で、郷土の分断と民族の離散が進んだが、しかしそのことはむしろ民族意識を霧散させたのではなく、逆に民族意識を高めたのだ。ディアスポラとナショナリズムは矛盾しない。「ふるさとは遠きにありて思ふもの」という言葉もあるが、ディアスポラにあってナショナリズムが強まることは不思議なことではないし、そのナショナリズムは領土主義的な国民国家のみに回収されるものではない。

おわりに

在日朝鮮人の作家で東京経済大学の同僚でもある徐京植さんは、『「民族」を読む』という著書の末尾で、祖国である朝鮮半島が南北に分断された状態にあり、そして自らは日本に生まれ暮らし（「在日」）、また多くの朝鮮人が北米や中央アジアにも離散しているなかで、いかに朝鮮人アイデンティティの未来を形成できるのかを考察するに際して、パレスチナ人の歴史経験を参照している。パレスチナ人の奪われた郷土を取り戻す民族抵抗運動そのものが「祖国」である、つまり現実の「領土的国家」ではないが日々の生活のなかから未来へと向かうプロセスが「祖国」となる、そのようなパレスチナ人アイデンティティをモデルにしたものがヒントになるのではないか、と。否定的あるいは消極的な意味での民族主義ではない。もちろん故郷喪失と分断・離散は否定的な状況であることは疑いないのだが、このテクストはしかしそのような絶望的な状況のなかから希《まれ》な望み（すなわち「希望」）としての民族主義を紡ぎ出した、ひじょうに重要なものだと思う。

とはいえ、個人的に接して見聞きした範囲で述べるのだが、徐さんは日本人の少なくない研究者や批評家の無理解にさらされ、深刻な論争を重ねてきた人だ。しかも、右派・保守派からの無数の攻撃だけでなく、リベラル、左派的とされる人びとから、すなわち日本の排外主義や差別と闘う言論人からの、「徐京植は偏狭なナショナリストである」という短絡した批判も浴びてきた。そのたびに徐さんは、疲弊した表情で困惑を口にした。この二〇年ほどの徐さんとの付き合いのなかで私が真っ先に思い出すのは、泣きそうな顔で語った「心が折れるよ」という言葉だ。

もちろん日本人としての私は、パレスチナ人アイデンティティ、朝鮮人アイデンティティに無神経に同化・共感しうる立場にはなく、むしろクルド・ディアスポラやパレスチナ・ディアスポラを生み出した大英帝国に比するべき、大日本帝国の末裔である。日本人がなしうることは、帝国の残滓としてある植民地主義の解体であり、その植民地主義を内在させている国民主義の解体なのだろう。近年私たちの社会の排外主義やレイシズムもまた、いっそう露骨になってきている。本章冒頭のクルド人難民に対する排斥もまたそうだ。これらをいかに克服するのか。それこそが私たちマジョリティにとってのディアスポラ的課題なのだと思う。

第8章 労働経済から見たイスラエルとパレスチナ
――労働機会を求める人、労働力を求める社会

はじめに

パレスチナ／イスラエル問題は、どうしても一般的には、「宗教対立を背景にした民族紛争」というイメージを持たれがちである。聖地エルサレムを最大の争点として、ユダヤ教徒のイスラエル人とムスリムのパレスチナ人が、聖地に対する正統性をめぐって相争っている、と。もちろん、そういった対立構図は、政治的煽動とマスコミの短絡によって生み出された虚偽である。宗教・民族的な背景については、第6章と第7章で述べたこととも重なるので、ここではそれ以上詳しく論じない。

宗教対立ではない、民族対立ではない、と繰り返すだけでは、しかしパレスチナ／イスラエル問題のイメージを修正するのは難しいだろう。そこで「労働経済」という視角を導入して、国家問題の構図を描き直してみたい。というのも、イスラエル建国前から現在にいたるまで、国家（建国運動）を支えるのは「労働力」なのであって、国家が労働者を集めることにおいては、ユ

ダヤ人もアラブ人も利用されたからである。その出発点として、まずイスラエルにはいま現在も、ヨルダン川西岸地区とガザ地区から、すなわちイスラエルが軍事占領をして原則的には封鎖しているパレスチナ自治区から、たくさんのパレスチナ人が労働者として毎日イスラエル領内に出稼ぎに来ているという事実を挙げておきたい。

もちろんこれは、平和共存や相互理解や相互利益がある、ということを言いたいわけではない。パレスチナ人労働者に対する差別や搾取の構造は深刻だ。単純に紛争か共存かという二択ではないのだ。イスラエルが西岸地区とガザ地区を徹底的に破壊しパレスチナ人を抹消しようとしているという側面からだけでは、イスラエル経済のパレスチナ人への労働力依存は説明しようがない。生かすのか殺すのかではない。生かさず殺さずというのが現実に近い。単純化に陥らないように、丁寧に話を追っていきたい。

1　被占領地のパレスチナ人がイスラエルで労働をする現状

「パレスチナ／イスラエル問題」と聞いて、読者は、いったいどのようなイメージを持っているだろうか？　第一には、双方の対立図式だろう。

・イスラエルのユダヤ人とパレスチナ人とはお互いに憎悪している。
・ユダヤ人とパレスチナ人とはエルサレムを中心とする一つの聖地の奪い合いをしている。

第二には、パレスチナ＝テロリストの図式だろう。
・イスラエルの市民を、パレスチナ人のテロリストが不当に脅かしている。
・イスラエルは民主国家で、パレスチナ人は野蛮で狂信的なイスラーム教原理主義者の集まりである。

第三には、完全な隔離と封鎖のイメージだ。
・イスラエルは、ヨルダン川西岸地区とガザ地区を隔離壁で囲い込み完全に封鎖している。
・ユダヤ人はイスラエル領にいて、封鎖下のパレスチナ人と接触することがない。

この代表的な三つのイメージはすべて誤りである。まず端的な事実として、イスラエルが西岸地区とガザ地区を軍事占領下に置いた、一九六七年の第三次中東戦争以来、半世紀以上にわたって万単位のパレスチナ人がイスラエル領へと労働者として「通勤」し、イスラエルのユダヤ人の雇用主のもとで働いている。これらのパレスチナ人労働者たちの多くは、イスラエル社会へ入って、程度の差はあれヘブライ語を操りながら働き、賃金を得て、そして西岸地区・ガザ地区の家へと帰っていく。すなわち、イスラエルのユダヤ人と被占領下のパレスチナ人とは日常的に接触があり、経済活動をある面ではいっしょにしているのだ。全員が全員そうではないにせよ、しかしそう珍しいことでもない。

もちろんこれは、対等な関係などではない。ユダヤ人の側が常に雇用主であり、パレスチナ人の側は労働者であり、しかもユダヤ人から見ればいつでも使い捨てられる不安定雇用の安価な労働力にすぎない。職種も、建築現場の作業員や、清掃業や、農作物の収穫など、低賃金の肉体労働におよそ限定されている。その歴史的構造については後述していくが、その過程で、上記の三つの紛争イメージのどこがどう誤りであるのかもさらに具体的に明らかになっていくだろう。

ユダヤ人とパレスチナ人のあいだになんらかの軋轢があるのは、一般化すれば事実である。だが、同等な立場で反目しあっているのではなく、軍事力や経済力ではゾウとアリの圧倒的格差があり、イスラエル国家がパレスチナ占領地を一方的に支配・弾圧しているという構図のなかで、軋轢が生じているのだ。その意味では、上記の紛争イメージの一つ目も二つ目も誤りなのは明白なのだが、しかし、それでもなお、パレスチナ人がイスラエル社会へ労働しに行くことによって、パレスチナ人とユダヤ人は接点を持っている。それゆえ、紛争の第三のイメージもまた誤りなのだ。

どんな社会も経済活動なしには成り立ちえず、どんな経済活動にも労働力が必要である。そして、労働生産性のことを考えれば、どうしても低賃金労働が求められる現実がある。世界中の労働力需要は、そうした背景からその歴史上つねに越境的な移住労働者を生み出し、呼び寄せつづけている。そのことは、第4章で詳述したように、日本社会にも当然あてはまることであり、感覚的にも理解できよう。「単一民族社会」と謳い、日本人至上主義的な排他的政策を実施しようとも、外国人労働者は日本へと来るし、労働現場は安価で使いやすく捨てやすい労働力を求めている。政権も経済界のニーズに応えて外国人労働者政策を妥協しながら導入する。イスラエルにとって西岸地区とガザ地区とは、一九六七年の軍事占領以降、そうした安価で便利な労働力の供給源となってきたのであった。その詳細は時系列に沿って後述しよう。

2 労働シオニストの入植村「キブツ」の理念と現実

イスラエルというユダヤ人国家は、一九世紀末からのシオニズム運動を経て、おもにヨーロッパおよびロシアからパレスチナへの集団的なユダヤ人移民によって、一九四八年に建国された。その過程では、ヨーロッパのなかでの反ユダヤ主義、ユダヤ人排斥運動を第一の背景とし、また第7章で見てきたように、第一次世界大戦によるオスマン帝国の敗退と崩壊によって、オスマン領だったパレスチナ地域が戦勝国のイギリス帝国領となったことを第二の背景として、パレスチナへのユダヤ人移民運動とユダヤ人国家建設運動が進められていった。

このシオニズム運動を中心的に担ったのが、労働シオニストと言われる党派であり、その動きはとくに二〇世紀初頭の東欧からロシアにかけて広がった社会主義的な労働者運動と民族自治との融合をはかった潮流のなかにあった。彼らは、ユダヤ人労働者運動として、階級問題と民族問題の調停をパレスチナにおいて実現しようとしたのだ。

その歴史のなかで重要な役割を果たしたのが、ユダヤ人の集団的農業入植村「キブツ」であり、キブツは自給自足的なユダヤ人のコミューンとしてユダヤ人国家の象徴的意味合いをもつとともに、「理想的コミューン」の実践例として世界中に知られることとなる。そのため、イスラエル建国後もキブツにはコミューン体験を求めて世界中から若者らが集まり、日本のパレスチナ報道で著名な年配世代のジャーナリストたちもキブツ滞在をきっかけにパレスチナ／イスラエル問題に関心を向けるようになったのであった。

だがイスラエル地域研究の先駆者である大岩川和正の『現代イスラエルの社会経済構造』（収録論文はおもに一九六〇年代から七〇年代にかけて執筆）によると、キブツ的なものは、ユダヤ人の入植村のごく一部に過ぎないうえに、キブツも含めた入植村は実際のところ、ユダヤ人の自給自足的コミューンではありえなかった。

ユダヤ人のヨーロッパやロシアからパレスチナへの集団移民・入植活動は、一九世紀末から始まる。入植したのはヨーロッパ人・ロシア人のユダヤ教徒、いわゆるアシュケナジームである。他方で、パレスチナの地では先住のアラブ人たちが都市および農村で暮らしていた（多くがムスリムではあったが、少数ながらキリスト教徒とユダヤ教徒もいた。このユダヤ教徒はアラブ人である）。そのアラブ人世界にヨーロッパやロシアからユダヤ人移民は少しずつ入植していく。

このユダヤ人入植者らは、「経営者」となり、先住アラブ人を大量に雇用することで、農産業を営んでいた。というのも、ヨーロッパのユダヤ人たちは、もともと農村から排除されて商人や技術者や研究者となっていたため、農業の知識や経験がなかったからだ。また、入植初期においては、人口比は圧倒的に先住アラブ人のほうが多く（ユダヤ人の人口比率は一九〇〇年頃で数パーセント、一九二〇年頃にようやく一〇パーセントを越えた程度であった）、アラブ人を抜きにしたユダヤ人だけの「自立（完結）」した経済構造を想定すること自体に無理があった。さらに、彼らの入植村の経営は、ユダヤ民族基金が取得した土地を借り受け、世界シオニスト機構から資本金を借り入れることで成り立っていた。この両組織は、パレスチナにユダヤ人国家を建設することを目的とした海外のユダヤ人による国際的な組織である。つまり実際は土地にせよ資本にせよ、完全に外部の組織に依存していたのだ。それは経済的合理性によるものではなく、ユダヤ人国家という至上命題のための民族的かつ政治的な動機によるものであった。そしてその入植村は、経営基盤の弱さゆえに、地元のアラブ人の低賃金労働に依存していた。

総じてイスラエル建国以前のパレスチナにおいては、ユダヤ人の労働者階級を増強させることを通じて、ユダヤ人の自己完結的な経済社会の確立を目標としていたという点で社会主義的な理念が保たれつつも、現実的には海外からの絶えざる資本注入とアラブ人（低賃金労働者）の雇用によって経営していたという点でひじょうに資本主義的であり、国際的な資本投入と民族的マイノリティの労働搾取という典型的な資本主義の側面を有していた。

この構図は結局のところ、イスラエル建国まで変わることはなかった。というのも、ユダヤ民族基金がどれだけ強引に土地取得を進めても、またナチスの台頭という背景によってヨーロッパからのユダヤ人移民がどれだけ急激に増えても、イスラエル建国直前の一九四七年の時点で、パレスチナの地（現在のイスラエル国家と西岸地区とガザ地区を合わせた地域）におけるユダヤ人による土地所有率は七パーセントにすぎず、パレスチナの総人口におけるユダヤ人の人口比は三〇パーセントにすぎなかったからだ。この土地と人口の比率でもって、パレスチナに「ユダヤ人国家」を建設することは現実的ではなかったし、半世紀にわたる入植活動の成果がこの程度では、土地と人口で過半を得るには、さらに半世紀を要しても覚束ないものと思われた（しかもユダヤ人を迫害するナチスはすでに敗北していた）。

この問題を一挙にクリアしようとしたのが、国連を舞台としたパレスチナ分割の画策であり、そしてそれを根拠とした第一次中東戦争であった。すなわち、国連の力で一挙に土地の半分を割譲させることで独立国家を得て、さらに圧倒的な武力でもってさらに広大な土地を取得しつつ、そこに暮らしてきた先住パレスチナ人を虐殺・追放してユダヤ人口比の優位を獲得しようとしたのであった。ユダヤ人国家の根源にある暴力性である。

3　一九四八年建国後のイスラエルと中東・ロシア・エチオピアからのユダヤ人移民

一九四七年一一月の国連パレスチナ分割決議でパレスチナの五〇パーセント強の土地がユダヤ人国家の側に認められ、そしてそれを不当とするアラブ人側と、エルサレムを含むさらに広大な土地を求めるユダヤ人の側とのあいだで戦争が勃発。その戦闘の最中の四八年五月にユダヤ人国家としてイスラエルの建国が宣言され、翌四九年にパレスチナの七七パーセントの土地をイスラエルが手中に収めたところで休戦協定が結ばれた。残りの二三パーセントがヨルダン川西岸地区とガザ地区ということになる。この時点から両地区がイスラエルに軍事占領される一九六七年の第三次中東戦争まで、西岸地区はヨルダン領に、ガザ地区はエジプト支配にあった。

イスラエル領となった地域からは八〇万～一〇〇万人ほどのパレスチナ難民が発生し、西岸地区、ガザ地区、ヨルダン、シリア、レバノン、エジプトへと逃げ込んだ。彼らは国連によって帰還権を認められながらも、それがかなわぬまま難民キャンプでの生活を長く強いられることになる。

他方イスラエルでは、ユダヤ人国家の建国によってようやく念願だった「ユダヤ人による完結した経済社会」が成立しうる機会が訪れたように見えた。だが、「ユダヤ人国家」あるいは「ユダヤ人による完結した経済社会」とは何を意味するのだろうか。全国民がユダヤ教徒だけで構成されればそれが実現したと言いうるのだろうか。それは二重の意味で不可能なことであった。一方でイスラエル国内にはなお総人口の二〇パーセントほどのアラブ人が残り、「イスラエル国民」となった。先住民でありながらマイノリティとなり、しかもユダヤ教を国是とする宗教政策と民族主義によって、パレスチナ人アイデンティティを否定され、不可視の二級市民とされていったのだが、しかし、マジョリティのユダヤ人の側からすれば二〇パーセントのアラブ人の存在は潜在的な脅威でありつづけた。

他方で、建国直後のイスラエルは期待したほどのユダヤ人移民を世界中から集めることができないでいた。その理由は、ナチスがドイツおよび広大な占領地のユダヤ人を「追放」する政策（パレスチナへの移民につながる）から「虐殺」する政策へと転換したために、潜在的な移民人口を失ってしまったことが一つ。もう一つは、欧米のユダヤ人たちが、気候風土も異なり経済的にも未発達でかつ政情的に不安定な新生イスラエルに移民することを好まず、戦火の止んだ欧米にそのまま残るのを選んだことであった。

それゆえにイスラエルは、建国直後から現在にいたるまで、ありとあらゆる策を講じてユダヤ人移民を非欧米圏から探すこととなるが、そこで必要となるのは、元の社会の政治経済的な不安定要因だ。ユダヤ人は高邁なユダヤ・ナショナリズムによって、つまり繁栄した私生活を犠牲にしてまでイデオロギーを尊び、イスラエルに移民するのではない。元の社会に比して優位かつ安定した政治経済的条件によって移民するのである。最初に目をつけたのは、東はイラクから西はモロッコにいたる中東アラブ世界の反イスラエル感情である。イスラエルが建国され周辺アラブ諸国を巻き込む戦争となり、すべてのアラブ諸国がイスラエルを承認しない政策をとった。イスラエルはこの反発を逆手にとって、こうしたアラブ諸国に古代から暮らしてきたユダヤ人コミュニティに対する反ユダヤ主義を煽り立て、アラブ諸国からの移民を徹底して促した。古いユダヤ人コミュニティに対する攻撃（反ユダヤ主義を煽るビラや実際の銃撃・爆撃まで）を自作自演してまで、アラブ諸国のユダヤ人コミュニティの不安を掻き立て、移民を強引に進めたのであった。

この結果として、建国後から一九六〇年代までにほとんどの中東アラブ諸国ユダヤ教徒コミュニティが一掃され、イスラエルにおけるユダヤ人口の半分をアラブ系ユダヤ人（ユダヤ教徒のアラブ人）が占めるに至った。すなわち、シオニズム運動・イスラエル建国を実現したヨーロッパのユダヤ人たちが社会の上流支配層を占めている一方で、アラブ系のユダヤ人たちは、先住アラブ人マイノリティとの狭間に置かれ、そのアラブ人としての出自を自己否定して強固な「ユダヤ人」アイデンティティを自ら演出しつつ、しかしヨーロッパ系ユダヤ人からは差別される社会の底辺層をなしていったのである。こうしてイスラエルは、ヨーロッパ系ユダヤ人（アシュケナジーム）、中東系ユダヤ人（ミズラヒーム）、アラブ人（ムスリム・キリスト教徒）という三層構造となった。

さらにそれに輪をかけて階層構造を複雑化させたのは、一九八〇年代以降のソ連邦（一九九一年の崩壊後はロシア）およびエチオピアの政治経済的不安定を背景にしたユダヤ教徒のイスラエルへの大規模移民であった。どれだけ大規模にユダヤ人移民政策を進めようと、アラブ人の出生率の高さゆえに、アラブ人が人口比の二〇パーセントを占める構造（ユダヤ教徒のアラブ人つまりミズラヒームは含まないカウントでさえこの数字だ）を根本的に変えることができないイスラエルは、次々とユダヤ人移民を促進する政策を打ち出さなければならない。ユダヤ教徒という規定さえ危うい「自称ユダヤ人」のキリスト教徒たちが自国の政情不安と経済不況から脱出する口実としてイスラエルへの移民という手段を取り、ユダヤ人口増加政策に利用したのだった。

第2章の冒頭で触れた、私が東エルサレムのユースホステルでしばらくお世話になったロシア人マネージャーも、そうした移民政策に便乗した典型的な一人だ。彼は、キリスト教徒として十字架のネックレスを公然と身につけ、アラブ人にもユダヤ人にも共感を示さず、ユースホステルでの住み込み管理と、印刷所の夜勤アルバイトで生計を立てていた（私が研究者と知ると、彼は印刷所の本を持ってきて「こんなのを今日はつくっていたぞ」とタダでくれたが、それがイスラエルの右派政治家である現首相ネタニヤフの演説集だったりして、苦笑した）。

エチオピアからの移民も、基本的にはエチオピア正教徒で古いキリスト教の宗派だが、旧約聖書を重んじることやエチオピアの建国神話に古代イスラエルのソロモン王が絡んでいることから、「古代ユダヤ人の末裔」という僭称《せんしょう》の余地を見出した。政情不安から脱出したいエチオピア人と彼らを移民として利用したいイスラエルの政治経済的な利害が一致したことから、「エチオピアのユダヤ人」が誕生した（ヨーロッパの白人ユダヤ人とエチオピアの黒人ユダヤ人が同じ「ユダヤ人種」であるというのは、もはや人類は一つの人種である、あるいは人種は存在しないと言っているようなものだ）。

ともあれ、おもに経済動機に基づくソ連邦／ロシアとエチオピアからの移民は、新しいエスニック・コミュニティを生み出し（ロシア系一二〇万人とエチオピア系一五万人）、新たな低賃金労働者層と失業者層を生み出すと同時に、国民的統合と差別の問題を生み出した。新移民自身もユダヤ人アイデンティティを持たずユダヤ・ナショナリズムにも乗らず、もっぱら経済動機に基づいて移民をしているのが実情だからだ。

4　一九六七年第三次中東戦争による西岸・ガザ地区の占領

さて、冒頭に触れたヨルダン川西岸地区とガザ地区からのパレスチナ人労働者の話に入ろう。一九六七年にイスラエルと周辺アラブ諸国とのあいだで第三次中東戦争が起こり、短期間のうちにイスラエルが圧勝、ヨルダン川西岸地区とガザ地区を含む広大な土地をイスラエルは軍事占領下に収めた。以来現在にいたるまで半世紀以上にわたって、西岸地区とガザ地区とはイスラエルが全面的に支配している。

ここで注目すべきは、占領と同時に、被占領下のパレスチナ人のイスラエル領内での出稼ぎ労働が始まっていることである。パレスチナ人からすれば、貴重な現金収入を得る（しかも比較的割のいい）機会であり、イスラエル側からすれば被占領下のパレスチナ人は都合のいい安価な労働力であるからだ。このことの背景については説明が要るだろう。「軍事占領」という状態は、実際にその地を歩いたことでもないと、なかなかイメージしにくいはずだ。

軍事占領下に置くということは、占領地の社会生活のすべてを支配するということを意味する。すなわち、人の出入り、物の出入り、政治活動、経済活動、文化活動のすべてだ。被占領下では徹底して、自立的な活動が制限され、一挙手一投足が許可制となり、占領者にすべてが依存させられるようになる。そしてパレスチナの場合はそこに輪をかけて、一九四八年前後のイスラエル建国時に大規模な難民が、すなわち無資産者（剥奪された者）が居る。自給的農村の条件が最初から破壊されているに等しい。そこへ軍事占領が重なったのである。物資の搬入も建設も開発もすべて規制され、農地さえも奪われる。経済発展は遅れるのではなく、意図的に阻害されるのである。これを、ガザ地区研究の第一人者であるサラ・ロイは、「低開発（under-development）」ではなく「反開発 de-development」であると呼んだ。開発が遅れて低水準にあるのではなく、開発のためのあらゆる条件が剥奪されているのだ。

　他方で、イスラエルは西岸地区とガザ地区を「裏庭」のように弄んでいる。完全に自国領として併合するのではなく、都合よく利用し使い捨てられる場所として。一九六七年から、ある意味では現在にいたるまで、この構造のなかで、持たざる（奪われた）パレスチナ人たちは、イスラエル領で労働せざるをえないよう仕向けられたのである。

　とくに一九八七年に最初の集団的な抵抗運動「インティファーダ」が起こるまでの二〇年間は、西岸地区とイスラエル領とのあいだの休戦ラインはまるで存在しないかのように、パレスチナ人たちはイスラエル領に出入りしていた。主要道路の検問所には軍用ジープが一台あるのみで、イスラエル兵はほとんど通行を止めることなくパレスチナ人の労働者をイスラエル側に通過させていた。労働許可証も数万人単位で簡単に発給されていたが、許可のない不法労働も万単位で黙認状態であった。合計すれば一〇万人を超えるパレスチナ人労働者が被占領地からイスラエル領へと出稼ぎ労働をしていた。それを「蜜月」と称する向きもある。「あの時代は平和で、お互いにうまくやっていた」、と。もちろんそれが一方的な支配と搾取によるものであることはすでに明らかだろう。そのように占領者が思い込んでいたにすぎない。

一九九〇年代でもなお、分離壁は存在せず、イスラエルと西岸地区を分ける検問所は、やはりジープや装甲車を置くだけのもので、身分証や許可証の検査も緩いものであった。この頃から筆者はパレスチナ／イスラエルへ足を運ぶようになったのだが、九〇年代にヨルダン川西岸地区とイスラエル領とのあいだを行き来するバスや乗り合いタクシーでは、ほとんどつねに、許可証を持たずにイスラエル側に出入りするパレスチナ人客が乗っていて、検問所が近づくとその手前で降ろしてもらい、徒歩で検問所を迂回し、検問所の先で再びバスやタクシーに拾ってもらうということを常としていた。運転手も心得たもので、阿吽の呼吸で無許可者を乗降させていたし、おそらくこの検問抜けをイスラエル兵も黙認していただろう。検問所近辺の草むらを走り抜ける若者たちの姿は、バスの中からも容易に視認できていた。

ところで、被占領下のパレスチナ人たちの労働先はイスラエル領には限らない。一九六七年の軍事占領以降、西岸地区とガザ地区にはイスラエルの入植地が大規模に建設され、もちろんパレスチナ人の土地が収奪され、そこに住宅地が建設されたのみならず、工場地帯や農業プランテーションが建設され、大規模な雇用が生み出されたのであった（ガザ地区に限れば二〇〇五年に入植地は撤収されたが）。パレスチナ人たちは、このイスラエルのユダヤ人たちが所有し経営する被占領地内部の入植地の工場や農場でも現金収入のために労働してきたのである。

こうした被占領下のパレスチナ人労働者たちの存在は、政治的に従順であるかぎりにおいて、イスラエル経済にとってはひじょうに好都合であった。彼らは、西岸地区やガザ地区に家があり、イスラエルに不法滞在することなく、また、稼いだお金をイスラエルが握る物流のなかで消費し、イスラエルにお金を還元する。この点でも故国への海外送金を目的とする外国人労働者とは異なるのだ。また、占領者の言語であるヘブライ語に接する機会の多さと、言語の親近性から、パレスチナ人労働者はヘブライ語を使いこなし、仕事上の指示が伝えやすい（これ自体が植民地主義であるが）。これらの点で、被占領下のパレスチナ人たちの労働は重宝されたのであった。

加えて、被占領下のパレスチナ人たちは、主に原油マネーと金融で潤うペルシャ湾岸諸国へと出稼ぎに行っていたことも付記しておく。西岸・ガザ地区だけでなく周辺諸国のパレスチナ難民も含めると、その数は最大時で八〇万人にも達するとされる。

5　一九八七年インティファーダの勃発と一九九三年オスロ和平合意

この「蜜月」に最初の終わりが告げられたのは、一九八七年から始まり数年間つづいた第一次インティファーダであった。インティファーダは組織的かつ継続的な抵抗運動である。非人間的なパレスチナ人の扱いに対して鬱積した不満が爆発したのであった。これに対し「従順な飼い犬に手を噛まれた」という認識しかもたないイスラエルは、労働許可を制限するという「懲罰」でもってパレスチナ人に臨んだ。ときあたかも東西冷戦が終焉し、アメリカ合衆国主導でのグローバリゼーションとネオリベラリズムが進み、労働移民の世界規模での流動化が生じていた。イスラエルは、従順でなくなったパレスチナ人に代わる、使い捨ての安価な労働力を海外から確保する道をすでに見つけていた。

逆にパレスチナ人の側は、勝算などないまま（そんな力量などあろうはずもない）、抵抗運動を継続し、イスラエルの武力攻撃と封鎖と制裁とによって疲弊させられていった。不運にして、そこにイラクのサッダーム・フセイン政権による湾岸危機・湾岸戦争（一九九〇〜九一年）が重なり、イラクを支持したパレスチナ人たちは湾岸諸国から追放されてしまった（クウェート侵攻をしたイラクが撤退の条件として、イスラエルのパレスチナ占領地からの撤退を挙げたことが、パレスチナ人をイラク支持に向かわせた）。イスラエルと湾岸という二大出稼ぎ地帯を同時に失ってしまい、被占領下パレスチナは行き詰まった。さらに言えば、パレスチナの主要政治組織であるパレスチナ解放機構もイラクのフセイン政権を支持したために、パトロンだったその他の湾岸諸国から見棄てられ資金源を失った。

一九九三年の歴史的和解と言われるオスロ和平合意というのは、実は、経済的に完全に窮した（出稼ぎ労働と国際支援と両方を失った）パレスチナの側が、イスラエルの言いなりに無条件降伏したに等しいものであった。和平合意の内実は、「パレスチナに自治を与える」と言いつつ（「パレスチナ暫定自治政府」の発足）、貧困に陥ったパレスチナを「自治」と「援助」の名目で国際社会（とくに合衆国とＥＵと日本）に負担させるという枠組みづくりだった。一九九三年以降もパレスチナの被占領地へのユダヤ人入植地建設は抑制されていない。そればかりか、国連も認めたパレスチナ難民の帰還権にも触れないような、パレスチナにとって内実ゼロの「合意」であったのだ。

イスラエル側は経済的に、つまり労働力としてパレスチナ人を利用してきたが、政治的に反抗する主体になるようなら切り捨てる、という姿勢だ。そもそも情勢次第で労働許可の数を絞ったり検問所での通過を拒否したりすることで、自在に出入りをコントロールできる状況にパレスチナ人の労働者を置いてきた。ちょうど世界規模で労働力の流動化が進み、代替労働力がいくらでも見つかる状況が、イスラエルの強気の姿勢を後押しした。

こうして一九九〇年代から、いわゆる外国人労働者がイスラエルでも急増した。日本が一九九〇年に入管法改定で日系人移民労働者の入国を大規模に緩和したのと同じタイミングである。イスラエルではとくに、中国、フィリピン、タイなどのアジア諸国と、そしてルーマニアなど東欧諸国からの出稼ぎ労働者が多い。建設業、農業、清掃業、家事介護労働などの現場で働く彼らは、パレスチナ人のように集団的に政治的反抗をするリスクがない。たしかに国内市場にお金を落とすことなく故郷へと海外送金してしまうという経済的デメリットはあるが、政治的には無関心で従順である。

6　外国人労働者の急増と多文化主義への反発

一九九〇年代からイスラエルは、先述のロシアやエチオピアからの移民の急増と、外国人労働者の急増が重なり、多文化・多言語的な状況が発生した。テルアヴィヴやエルサレムやハイファなどの大都会には、ロシア語の新聞が街頭に置かれ、ロシア語のメニューしか置かないカフェができた。彼らはシオニスト的情熱で移民をしてきたわけでなく、しかも短期間で一〇〇万人以上も流入してきたロシア系移民はヘブライ語の習得に熱意がなく、ロシア語コミュニティをつくりがちなのだ。実際テルアヴィヴのロシア人経営のカフェに入ったときに、英語かヘブライ語のメニューがないかと尋ねたところ、店員から即座に「ノー・イングリッシュ、ロー・イブリット（ヘブライ語もノー）」と拒否されてしまったことがある。こうした店はロシア人客相手の商売だけで成り立っている。

他方で、肌の色に基づく差別がイスラエル社会で横行し、エチオピア移民が抗議デモをしている様子が連日のようにニュースになった。「ユダヤ教徒」というタテマエがあるものの、ヨーロッパ系のユダヤ人階層は、中東アラブ系ユダヤ人のさらに下にエチオピア系を置いて見下している。さらにそうした大都市では、ユダヤ教のコシェルという、食事規定で禁止されている豚肉を堂々と看板に掲げる食材屋が増えていった。しかもその看板には、ヘブライ語だけでなく、英語（「Pork」）や中国語（「猪肉」）やロシア語のキリル文字まで並んでいる。

また、筆者がイスラエルに行くようになった一九九〇年代は街中で知らない市民から「ヤパニット（日本人）？」と声をかけられていたが、それからわずか数年のうちには、明らかに「シニット（中国人）？」や「タイランディー（タイ人）？」と声をかけられることが多くなった。彼らが日常で接する外国人がこの時期に変わってきたことを示している。

加えて、こうした多文化化していく街中では、着実に「移民二世」が増えていった。これもまた日本の経験に照らして理解できることだが、労働政策上はたんなる出稼ぎ「労働力」としか見ておらず、単身でやってきて一定期間稼いだ後には速やかに帰国するものと想定するが、実際には「生身の人間」が移住してくるのであり、年月を重ねるとその社会に定着し、結婚・出産によって家族を形成することもある。街中では、ベビーカーの赤ちゃん連れのアジア人労働者や、通学中のアジア人小学生を見かけることが増え、またそうした移民労働者の永住権・市民権をめぐる裁判のニュースを聞くことが増えていった。

イスラエルは「ユダヤ人国家」を自称している。しかも、可能なかぎりユダヤ人だけの純粋な民族国家を目指して、アラブ・パレスチナ人を弾圧してきたはずだ。しかし、この反アラブ・パレスチナ政策は、予期せぬ移民社会による多文化・多民族化を招き寄せてしまった。純ユダヤ人国家を目指すうえでは、これもまた歓迎せざる事態である。イスラエルが低賃金労働を完全に海外からの移民に切り替えられない理由もそこにある。イスラエルの排外主義者・人種差別主義者のなかには、まったくの疎遠な土地から来る異教・異言語の民よりも、同じ土地の出身で、同じ一神教を信じ、同じセム系言語を話すアラブ人のほうがマシと見る傾向もまた存在するのだ（ユダヤ教もイスラームもキリスト教も共通の神と啓典をもつ一神教であり、ヘブライ語とアラビア語とは同じ系統の言語である）。

おわりに

こうしてシオニズムの一〇〇年強の歴史を、労働経済という観点から振り返り整理すると、ユダヤ人とアラブ人の相互の憎悪、ユダヤ教とイスラームとの宗教紛争、一つの聖地をめぐる奪い合いといった見方が、まったく的を射ない捏造された対立構図であることが明らかだろう。移民をする側の動機にも、移民を受け入れる側の動機にも、人が生きていく以上は、本質的に経済活動に関わるものがある。そして経済活動には、労働力が不可欠なのである。その観点を抜きにした移民論や文化論（単一文化論であれ多文化論であれ）は、空疎に響くか、あるいは過度に敵対的で排外的なものになりかねない。それは、イスラエル・パレスチナ紛争についての一般的な語られ方が示すとおりだ。

移住労働を排出する側としてであれ、移住労働を受け入れる側としてであれ、やはり一〇〇年以上の移民労働の近現代史を積み重ねてきた日本社会にもこれは当然あてはまることだ。あまりに多くの問題を私たちは共有している。私たちはそうした移住労働の観点を抜きにしてパレスチナ／イスラエル問題を見るわけにはいかないし、逆に、移住労働問題としてイスラエル・パレスチナを見る観点から、世界と日本を見直すべきなのだろう。

終章　ディアスポラとジェンダーをめぐって

はじめに

第Ⅰ部（第1〜4章）では日本・東アジアにおけるディアスポラを主題にして、第Ⅱ部（第5〜8章）では欧米・中東におけるディアスポラを主題にして論じてきた。古代からの人間の移動・離散、民族アイデンティティの形成、近代国家と国民の生成、植民地支配と帝国主義、資本主義的経済発展と労働力流動化、国境線による分断と紛争と難民、グローバリゼーションと移住労働などの観点から、多面的にディアスポラを議論してきたつもりだが、こうして振り返ると、実のところ大きな欠落がある。それは「ジェンダー」の観点だ。

国民国家の形成と植民地主義を考えるに際しては、以下で詳しく見ていくように、「民族・階級・性」の三要素の複合的な絡み合いを見ることがひじょうに大事である。その三要素のうち、これまでは、もっぱら民族と階級の二つの観点に集中してしまっていた。各章ごとにさらに性・ジェンダーの関係する視点まで加えると、限られた紙幅のなかで議論があまりに錯綜してしまうと考えたことから、一定論点を絞ったという判断もあった。しかし、この欠落をかかえたまま本書を終えるわけにはいかない。この終章では、これを補うためにディアスポラとジェンダーの絡み合いという観点で論じていきたい。そのことが、ディアスポラの視点から世界を思考し直す大切な契機を提示することになるだろう。そして本書全体をふまえたうえで、「国家」「国民」、その他者としての「移民／難民」の行く末について考えてみたい。

1 「移民社会」の到来？

まず第Ⅰ部、とくに第4章で論じた、日本の移住労働者の受け入れ状況に関わるところから再確認していきたい。二〇一九年四月から新しく始まった「特定技能」という在留資格の開始が大きく話題になっている。これまで日本は、「日系人」「技能実習生」「留学生」を事実上の労働力として活用することで、一般的な労働市場の開放を回避し、「移民国家」となることを拒否してきた。日系人は日本国籍者の実の子か孫に限定することで「みなし日本人」として扱われ、技能実習生は名目上「技能を学びにきている」ことにしつつ現場では法定最低賃金も適用されない超低賃金労働者として働かされ、留学生は労働目的での入国滞在を偽装する隠れ蓑となってきた。「外国人労働者」を公然と受け入れることを否定したい日本政府と、いつでも解雇できる使い捨ての低賃金労働者を欲している日本企業にとって好都合な「抜け道」であった。

しかし目論見は大きく外れる。日系人労働者の数は増加せず、これまでの二世・三世に加えて「四世ビザ」を二〇一八年から発行しはじめたが、申請数は四〇〇〇人見込みのわずか一〇〇分の一という不評ぶりであった。低賃金にとどまらない技能実習生に対する数々の人権侵害が告発されるようになり、また留学生が事実上学校に通っていない（学校側も留学生数に対応した教員・教室を持っていない）あからさまな労働目的の偽装就学がたびたび告発されるようになってきた。つまり完全に手詰まりとなったのだ。

そこで今度の「特定技能」という外国人労働者の在留資格の登場となる。特徴としては、対象を、①建設業 ②造船・舶用工業 ③自動車整備業 ④航空業 ⑤宿泊業 ⑥介護 ⑦ビルクリーニング ⑧農業 ⑨漁業 ⑩飲食料品製造業 ⑪外食業 ⑫素形材産業 ⑬産業機械製造業 ⑭電気・電子情報関連産業、の一四業種へとかなり範囲を広げ、かつ実習ではなく「労働雇用」を認めたことである。たしかにその点では「移民労働」へ市場を開く方向へ舵を切ったかのように見える。

この流れのなかで「移民社会」をテーマにした雑誌・書籍が制度運用開始の二〇一九年四月前後に大量に刊行された。ビジネス系の週刊誌、そして人文社会系の月刊誌などの特集を眺めるとこんな具合だ。『ニューズウィーク日本版』の「移民の歌」、『週刊東洋経済』の「〝移民〟解禁」、『（別冊）環』の「開かれた移民社会へ」、『現代思想』の「新移民時代」、『Journalism』

の「移民社会へ」、『POSSE』の「移民が開く新しい時代」。書籍では二〇一九年に入って出されたものだけでもこのようなものが目についた。髙谷幸（編著）『移民政策とは何か』、是川夕（編著）・駒井洋（監修）『人口問題と移民』、内藤正典『外国人労働者・移民・難民ってだれのこと？』、望月優大『ふたつの日本――「移民国家」の建前と現実』、永井隆『移民解禁』などなど。百花繚乱の様相を呈していると言っていい。

だが本当に日本社会は「移民労働」を解禁したのだろうか。「特定技能」によって得られる在留期限は通算で五年を上限と定めており、かつ家族の帯同は認められない。何より日本政府は繰り返し「移民政策ではない」「労働移民の開放ではない」と強調しており、この法改定でも「外国人材の活用」という表現にとどめている。「移民」はもちろんのこと「外国人労働者」という言葉さえ避けているのが現状だ。第一次、第二次、第三次産業すべてに関わる分野で受け入れをしながら、「特定の一四業種」に名目的な限定を課しているのも「開放」「解禁」ではないと言い募りたいからだ。結局のところ、「人材」は足りない労働力を埋め合わせるのに使われるにすぎず、日本社会に定住することはまったく想定されていない。こちらの望むとおりに働いたらすみやかに出国せよ、というわけだ。

しかしこの外国人労働政策は、二重の意味で政府の思惑を外れるだろう。

第一に、この制度で来日するのは抽象的な「労働力」ではなく生身の「労働者」、つまり人間であるために、予測不可能な事態がありうる。どれだけ生身の存在を無視しようと、五年近く日本社会で生活をすれば生活基盤ができてくるし、国内での結婚や出産もありうる。企業によってはそれを理由に解雇する方針を示しているところもあるが、法令違反である。国際結婚や非婚での出産なども含めて、さまざまな家族形態と二世世代の誕生が生じ、そう単純に「五年で帰れ」と追い返せるとは思えない。

第二に、日本の経済的地位が世界的に見て相対的にどんどん下がっていること、言葉の壁や外国人差別など排外的風潮があること、長時間労働やサービス残業などの労働慣習があることなどから、日本が外国人労働者にとってもはや魅力的な国ではなくなっている。いわゆる先進国や経済大国のなかでは日本の給与水準は決して高くはなく、しかも実質賃金はむしろ年々マイナスになっている。英語が通じる場面が日常的な生活空間には少なく、観光客＝消費者として歓迎されはしても、生活者としては暮らしにくい社会である。そして長時間労働のみならず、勤務時間外にもつきあいなどを強いてくる習慣もまた、敬遠される理由となる。すなわち、日本の経済社会は、殺到してくる外国人を選別するような状況にはもはやなく、むしろ条件を良くしてアピールしなければ「海外から労働者に来てもらえない」という状況が強まってくる。

根本的に日本政府が間違っているのは、来てもらいたい産業分野に必要なだけ海外から労働力を動員でき、不要になれば追い出すことができるというふうに、まるで道具のように労働者を考えていることだ。だが人は、好むと好まざるとにかかわらず、来るときには越境してでも来るし、その理由も形態もさまざまだ。人は道具でもなければ、定められた枠のなかに従順にとどまりつづけるものでもない。

2　資本主義とジェンダー

生身の人間として想像していないということは、越境的に移動する人間を抽象的な労働力としての側面でしかとらえていないことを意味する。それは、その人がどのような個性や背景をもっているのかを見ないということだ。そうした姿勢のなかで無意識に片付けられがちなのが、「ジェンダー」（さまざまな性差）の問題だ。たとえば日本の「外国人材」政策において、単身出稼ぎという想定で家族の帯同を認めないところにもそのことが露呈していると言える。

だが、実のところディアスポラには、本質的なところでジェンダーの問題が幾層にもわたって関わっている。

そもそも資本主義下における労働者には、民族・階級・性の三要素が差別的に作用しながら動員力がかかる。越境的移動には、もちろん民族的差異を架橋する経験が不可避であるが、それだけではなく、富裕層では富裕層なりの越境する（越境を欲望する）動機と方法があり、貧困層には貧困層なりの越境する（越境せざるをえない）動機と方法がある。とりわけ、グローバル化とポストコロニアル状況の織りなす現代世界では、政治経済的誘因は越境の好機にもなれば越境の危機をも生み出す。自在に越境し差異を利用して最大の利益を得ようとする資本家・企業家がいる一方で、生存の危機を感じるほどの混乱状況から難民とならざるをえなかった人びとがいる。だが、難民として危機を逃れたことが新天地で新しい生活を手にする好機になることもありうる。

こうしてディアスポラ（移民／難民）を、民族と階級の絡み合いのなかで見ていくことはできるが、そこにジェンダーはどう関わるか。もちろん、資本主義にも性差別が動員されている。世界的にどの国でも性差別があるのに加えて、経済大国と貧困国とのあいだで、あるいは民族的マジョリティとマイノリティのあいだで、性差別が作用する、あるいは性差別が利用される。たとえば女性は、シャドーワークとしての家事労働や、企業での周辺的・補助的な低賃金労働や、性産業での搾取労働を、担わされたり強いられたり甘受させられたりするのだ。

とりわけ移民女性は、介護労働や家事労働やセックスワークといった領域に就くことが多く、「再生産労働のグローバル化」あるいは「親密圏のハイブリッド化」と呼ばれる現象を起こしている。「再生産労働」というのは、企業における生産労働と対比的に、人（労働者）を生み育てるという「再生産」の場としての家庭での労働を意味し、また「親密圏」というのは、やはり企業も含む公的社会を指す「公共圏」と対比的に用いられ、家族を典型とする私的な関係空間を指す。つまりそうした再生産や親密圏に移民女性が多く入ることが「グローバル化」「ハイブリッド化」と特徴づけられているのだ。

エドワード・サイードに牽引されたオリエンタリズム研究においても、西洋と東洋という対比、西洋による東洋の支配、西洋の東洋に対する優位、といった構図のなかに、浮かび上がるものがある。「西洋」＝白人（無徴）／男性的／上位（中心的）／理性的／科学的／能動的、それに対して、「東洋」＝有色（有徴）／女性的／下位（周縁的）／感情的／神秘的／受動的、といったカテゴリー分けの視線が権力的に作用していることが指摘されてきた。西洋が東洋を他者化し、欲望し、支配し、搾取する、というオリエンタリズムの構図は、近代に植民地支配が進むなかで発生・強化されてきた。

オリエンタリズムはコロニアリズムの産物であるわけだが、法的な植民地支配が終わった後にも植民地主義の影響が色濃く残る旧宗主国と旧植民地との関係性、「北」の経済大国と「南」の貧困国との関係性においては、なおも作用し続けている。すなわちそれが現代的な「ポストコロニアリズム」の問いである。

資本主義のもとで、民族・階級・性が複合的かつ差別的に動員されるのは、コロニアリズムとポストコロニアリズムの時代を貫いて作用する、このオリエンタリズム的な支配権力のためである。

3　国民国家とジェンダー

ところで、「ディアスポラ」の思想というのは、たんなる地理的国境を越えた離散を意味するにとどまらない。たしかに辞書的定義だけにもとづくと、ある民族集団が故郷から離散すること、ということになろう。したがって、人びとが国境を越えて移民・難民となっている状況をディアスポラと呼ぶこと自体は不当とは言えない。だが、ディアスポラとはまさにその思想の根底において、「ジェンダー」の問題と密接につながっているのだ。というのも、ディアスポラの反対概念がネイション、ディアスポラ主義の反対概念がナショナリズムだとすれば、近代国民国家を形成するナショナリズムのなかに含まれる「マッチョな男性中心主義と家父長制」「良妻賢母による家族主義」「健全な男女による異性愛主義」を批判する思想内容が、ディアスポラ概念に必然的に含まれているはずだからだ。

　近代における国民国家形成の過程で、国家と国民の強い一体化、そして国民の均質化が求められるようになった。そのとき「健全な国民」「良い国民」という思想が登場する。国民国家において求められる国民像とは何か。近代国家形成は、たんなる政治体制の確立だけではない。政治体制だけの問題であれば、国民は「市民権を持つ者」「国籍を有する者」という形式的な定義にとどまったであろう。しかし国民国家の形成にはさまざまな事柄が内在したり付随したりした。

　第一には市民革命とほぼ時を同じくする産業革命があり、産業資本主義の到来が、国民経済の形成を促し、生産力至上主義をもたらした。強力な経済力こそが、国民国家の強さを支えるものでもあった。強力な産業資本主義は、当然ながら大規模な労働力を必要とする。言い換えれば、資本主義が労働者を生み出し、労働者が資本主義を拡張させる。つまりは、「健全な国民」とは「生産性の高い労働者」であるということになる。ここでも屈強な肉体労働者を理想とするマッチョイズムが作用する。さらに労働力の長期的な維持・拡大には、労働者階層の再生産、つまり労働者が各家庭において子どもをたくさん生み育て次の世代の労働者を増殖させることが求められる。それは「産めよ殖やせよ」の思想であり、近代家族は「健全な異性愛夫婦」による出産・育児が大前提とされるようになる。ナショナリズムとジェンダーが、経済的生産性という点で密接に結びついている所以である。

第二に、国民国家は国家規模に応じた強力な軍隊の形成を必要とし、またその軍隊の形成を国民動員によって現実的に可能にしたことが挙げられる。まさにここでも要請されるのが、屈強な兵士たちであり、それは暴力を行使する心身を兼ね備えたマッチョな男性国民たちである。傭兵時代には傭兵たちがカネとリスクを天秤にかけていたが、国民軍の時代になると国のために命を捨てるまで勇猛に闘う英雄的振る舞いが賞賛されるようになる。同時に女性たちは「銃後」を守る（つまり兵士として取られた男性に取って代わって町や社会を守る）役割を担うことが求められる。

第三に、この国民国家＋資本主義＋軍隊は、海外膨張による植民地主義を促進する。これが、すでに前節で見たように、越境の意味でのディアスポラを、すなわち宗主国と植民地とのあいだの、旧宗主国と旧植民地とのあいだの、双方向的な人間の移動と混淆を生み出した。いちはやく国民国家となった西洋諸国は、東洋を植民地として欲望し、眼差し、支配した。そこに西洋＝男性的、東洋＝女性的という表象がつきまとったことについても、すでにオリエンタリズムであると確認したとおりである。こうして、ナショナリズムは根深いところでジェンダーと絡み合ってきたのであった。

4　ディアスポラとジェンダー

さらに言えば、ディアスポラ概念はもっと本質的なところで、ジェンダー概念と結びついている。ディアスポラは、古代ギリシャ語に由来し、地中海世界の各地に入植したギリシャ人コミュニティの離散状況を表わす言葉であったが、のちに古代ユダヤ人が王国を滅ぼされ亡国の民となったことを指す言葉へと翻訳された。いわゆる「ユダヤ人ディアスポラ」あるいは「ディアスポラのユダヤ人」は翻訳によってできたものだ。

これについては宗教的に敬虔なユダヤ人であるボヤーリン兄弟によるユダヤ文化論の本『ディアスポラの力』で議論されている。古代のユダヤ王国が戦争で滅ぼされユダヤ人が亡国の民となったことの意味を宗教的に解釈すると、神がユダヤ人の傲慢さを罰したものであり、離散・流浪は神が与えた試練であるということになる。異教徒・異民族と武力で争い支配を強めようとしたため、神の逆鱗に触れたというわけだ。それがいわゆるユダヤ人ディアスポラの始まりである。それゆえ、その神に赦しを求めるならば、敬虔に生きて反省を示すことしかない。そこでユダヤ人の宗教指導者らは解釈に解釈を重ねて、ユダヤ人が守るべき戒律を体系化していった。これが「タルムード」であり、それはいわば歴史の教訓でもあるのだ。たとえば異教徒・異民族と争わないこと、異教徒・異民族を支配しないこと。これは、傲慢な戦争で自ら国を失った、つまり神に罰せられたことから得られた教訓だ。そうしてユダヤ人は、自らの国をもたなくとも、異教徒たるキリスト教の支配するローマ帝国のもとで、ムスリムの支配するオスマン帝国のもとで、その他各地で、権力に逆らったり異教徒と争ったりすることなく、しかし同化されることもなく、適度な距離を取り、ときには協力もして、そしてユダヤ人の文化やアイデンティティを守り発展させてきたのであった。このディアスポラ文化こそがユダヤ文化の真髄である、とボヤーリン兄弟は言う。

彼らが厳しく批判するのは、ユダヤ・ナショナリズムであるシオニズム、そしてシオニズム運動によって建国されたイスラエルだ。ディアスポラを地理的離散としてのみ捉え、したがって結集して建国すれば亡国・離散のディアスポラを自らの手で終わらせることができるという考えに、ボヤーリン兄弟は反論する。

シオニズム運動のなかで、ユダヤ人は典型的なナショナリストとなりマッチョイズムを発揮するようになる。それは二つのイメージとなって喚起される。ひとつは開拓者、もうひとつは戦士である。前者は放浪を経て古代ユダヤ王国のあった場所に「帰還」し新しい国を創る、農地を開墾していく力強いイメージだ。後者は、入植と建国に反対する先住パレスチナ人、そして周辺アラブ諸国と委任統治者イギリスと戦闘を繰り広げながら土地を獲得していく、勇敢に闘う兵士のイメージだ。しかもこの兵士は、新生国家のために命を捧げることを厭わない愛国者であるとされる。後者のイメージ醸成には、古代ユダヤ王国を滅亡させた戦争さえも、負の教訓ではなく、むしろ「最後の一兵卒まで戦って死ね」という軍隊思想の源泉として利用される。

　これはボヤーリン兄弟に言わせれば、明らかに近代ヨーロッパの国民国家のイデオロギーを導入したにすぎず、ユダヤ教文化とは本来相容れないものだという。ユダヤ教による古代の滅亡戦争の解釈では、わずかに生き残ったユダヤ人たちが密かに落ち延びたことでユダヤ文化は受け継がれて繁栄できた。そして、異教徒・異民族と争わないことによってむしろユダヤ教徒のコミュニティを守ることができた。さらには、各地で異教徒・異民族に囲まれながら文化・経済・政治の活動を重ねるなかでユダヤ人は発展し、多くの人材も輩出してきた。古代滅亡戦争の教訓は、「落ち延びよ、生き延びよ」であって「戦って死ね」ではない。

　しかし近代シオニズムは、この伝統的ユダヤ教文化をこそ否定しなければならなかった。なぜならこの伝統は近代ナショナリズムと相容れないからである。ヨーロッパ・ナショナリストたちから差別的に、ユダヤ人は「女々しい」、さらには「同性愛的」と蔑まれるようになってきた。だからこそヨーロッパでシオニストとなった近代のユダヤ人たちは、このイメージを劇的に転換しなければならなかったのである。筋骨逞しい開拓者・兵士というマッチョなユダヤ人像が意識的に導入されていく。

また、ヨーロッパ・ナショナリズムから生まれたシオニズムは、宗教的ではなくひじょうに世俗的なものであった。そのため、シオニストらがユダヤ教の戒律を捨て去ることは容易なことであった。異教徒と争うな、異教徒を支配するな、ディアスポラを自ら終わらせるな（神罰であるから赦しは神からしか与えられない）、といった戒律や禁忌はあっさりと無視され、むしろ不都合なものとして忘却された。そのことによって、公然と先住のパレスチナ人を虐殺・追放し、あるいはイスラエル建国後は国内のマイノリティでありながらパレスチナ人を支配し、さらにはヨルダン川西岸地区やガザ地区を軍事占領した。支配の暴力に全面的に依存するようになったのだ。

この状況に対してボヤーリン兄弟は、ユダヤ人として、敬虔なユダヤ教徒であるがゆえに批判する。むしろ「女々しい」「同性愛的」なディアスポラ主義のユダヤ教文化こそが、血で血を洗う民族紛争や領土を奪い合うナショナリズムに対する有力な対案になるのではないか、と。ディアスポラ主義は、こうして近代国家のマッチョイズムに異論を唱えるのである。

5　竹村和子さんの問題提起

この問題提起は私自身にもつながっている。

こうしたボヤーリン兄弟のディアスポラ主義の意義を敷衍すべく、私は共訳者の赤尾光春さんとともに二〇〇九年にシンポジウム「ディアスポラの力を結集する――ギルロイ、ボヤーリン兄弟、スピヴァク」を開催した。私たちとしては、『ディアスポラの力』の意義を、ポール・ギルロイ『ブラック・アトランティック』とガヤトリ・スピヴァク『ポストコロニアル理性批判』という二冊の大著の翻訳者らを交えて議論することを意図していたのだが（ギルロイはガイアナ系イギリス人のブラック・カルチャー研究者、スピヴァクは在米インド人の比較文学研究者）、そのメンバーでは十分には補えないジェンダー論・フェミニズム論の観点を求め、フェミニズム理論研究者として鋭い議論を展開していた竹村和子さんに参加をお願いした。

開催当時は海外滞在のため参加がかなわなかったが、このシンポジウムの記録をもとにして、さらに論考や翻訳を加えて書籍にする際、執筆を快く引き受けてくださった。私個人にとって竹村さんは、在米ベトナム人の映像作家トリン・T・ミンハによる『女性・ネイティヴ・他者』の翻訳者であり、そして何より『ジェンダー・トラブル』をはじめとするジュディス・バトラーの翻訳紹介者である。バトラーは反シオニストのユダヤ人思想家として尖鋭的な議論を展開していた人物でもあり、ユダヤ人論とジェンダー論との絡みではボヤーリン兄弟とも少なからず接点があった。二〇一〇年にすべての原稿が揃い、二〇一一年春の刊行を目指して作業を進めていたが、三月一一日の東日本大震災で、私が被災・避難移住をしたために、結局刊行が二〇一二年にずれ込んでしまった。そして病床にあった竹村さんは二〇一一年の年末に亡くなってしまっていた。

遺された論考は、「ディアスポラとフェミニズム――ディアスポラ問題、女性問題、クィア問題、ユダヤ問題」と題されている。病床で最後の力を振り絞って書かれたのだろう。竹村さんは広範にわたる論考や文学作品に批判的に言及し、フェミニズム理論研究者として、慎重に批判的にディアスポラを論じた。移動という契機だけで見れば「男性主体の移動をディアスポラ形成の一義的エージェントとして特権化する」ことになり、「その結果、ディアスポラの概念化のなかで男性中心主義をさらに普遍化してしまう危険性をもつ」ことを指摘していた。すなわち、現実の越境的移動は生身の人間がする以上、そこには不可避的にジェンダー化された身体が伴うにもかかわらず、それを見ずに移動概念のみに抽象化することは、「男性（Man）」を無自覚に「人間一般」へと代表させるという暴力を、ディアスポラ論に持ち込むことになる。現実には女性の移住は男性とは異なる背景を持ちうる。典型的には、富裕国での家政婦業や性産業といった分野のニーズによって移住するケース、また、結婚という目的で移住する「移民花嫁」などがある。この移民花嫁の歴史の中には、先に単身で労働者として海外移民した男性の妻となるために親族の仲介によって写真と文通のみで結婚を決めた「写真花嫁」、戦中・戦後に駐留した外国人兵士と交際しその兵士の帰国といっしょに移民する「戦争花嫁」がいた（戦前・戦後の日本からも約一万人の写真花嫁と三万人以上の戦争花嫁がいたとされるが、正確な統計はない）。

それゆえ竹村さんが注目するのは、やはり性的存在としての、そして家庭をあらかじめ背負わされた女性の身体である。「女の身体は、境界維持と境界浸食の緊迫状況を永続化させるトポスとなり、そこでディアスポラたちの親族関係や家族関係は、空間的距離を時間的距離に変換させて反復されることになる」、と述べ、空間的距離をもつディアスポラ状況が、時間的距離として世代間で引き継がれるときに、女性に対する身体的負荷が生じると言及する。「産む」身体を持つ、あるいは「産む」ことを社会的・権力的に求められる女性は、実際に産むことも、産むのを拒否することも負荷となってのしかかり、さらにディアスポラ二世に対しても過大な責任を負わされる。それは、世代の継承という共同体的な責務であったり、あるいは、理不尽さや疎外を覚えるディアスポラ二世たる自分の子どもからの反発を家庭内で直接的に引き受けさせられることであったりする。

たとえば竹村さんは、スキ・キム『通訳／インタープリター』の描く韓国系アメリカ人女性に着目する。両親へのトラウマ的負い目、一世世代の貧しさと怨嗟、韓国系コミュニティの閉鎖性、幼少期に自身が移住したことによる韓国語と英語の習得の困難と使用の混乱。そういったディアスポラ状況は、「その状況に置かれた女たちにとって、彼女たち自身の身体の上でいやおうなく繰り広げられる境界権力の緊張関係だと言える」と指摘している。

ディアスポラの身体には苦境が刻み込まれている。それを竹村さんは、「傷つきながらも、まだ見ぬ身体、まだ見ぬ親族関係を、自らの上に創り出そうとする動き——それを創り出そうとしないかぎり、存在することさえできないという彼女たちの苦境」と表現した。そこには、ベッドに横たわりながらこの原稿を創り出した彼女自身の姿がどうしても重なる。ディアスポラとジェンダーとの絡み合いに関して大きな課題を、竹村さんは身を賭して私たちに遺していったのだと強く感じる。

おわりに

　ディアスポラは希望ではない。少なくとも、単純に希望とは言い切れない。むしろディアスポラは生き抜かざるをえないアポリアである。竹村さんによると、ガヤトリ・スピヴァクが「グローバルな労働市場で下級階級に置かれている女たち」を「ディアスポラ」と呼び（スピヴァクの分析概念で言うところの「サバルタン」）、その苦境を「故国を追放された者の苦境」と名づけるときも、ディアスポラはけっして肯定的な概念ではない。逆に、経済大国の「新たなディアスポラ」としての「～系アメリカ人」と呼ばれる人たちも、グローバル資本主義のもとで「搾取の犠牲者ではなく、搾取の行為者（エージェント）になりえる者」となっていくために、やはり肯定的概念ではないという。ディアスポラが、搾取をされる側になるのか、搾取をする側になるのか、という分岐に置かれるだけで、搾取という経済構造そのものに変わりはない。

　経済大国でとりわけアジア地域に対しなお植民地主義を内包したままの日本にあっては、

「日本で苦境に陥る難民」にも「～系日本人」にも同様のことが言いうるだろう。技能実習生という名目で人を集めた低賃金労働が事実上の「奴隷制度」であったり、難民認定が見込めないので強制的送還を恐れて非正規滞在者となったり、といった苦境が日本社会では恒常化している。その一方で、海外ルーツの一世や二世でありながら日本の大企業の経営者に上り詰める人もいる。これらもディアスポラの一形態ではあるだろうが、苦境が希望でないのはもちろんのこと、搾取によって成りたつ資本主義の既存の経済秩序の上位に立つこともまた希望ではない。

搾取され苦境に陥るディアスポラと、搾取する側にのし上がるディアスポラ。そのどちら側になるにせよ否定的な意味を帯びるディアスポラたちは、ともにグローバル化に晒されつつ、一方で国家の枠からはみ出しながら、他方でなお国家に規定されている。もちろん国家を廃棄することなど容易に実現しうることではなく、また国家を乗り越えるなどということも容易には言えない以上は、国家の枠内／枠外のアポリアのなかで、すなわち境界線に引き裂かれた隘路のなかで私たちは生きていかざるをえない。国家の外、国境の向こう側は、「国家の外部」なのではなく「別の国家の内部」である。ディアスポラになることで、国家から逃げられるわけではない。その意味で、ディアスポラは明快な解決でも希望でもない。

ディアスポラそのものが希望なのではなく、このアポリアを生き抜くためにディアスポラ論があるのではないか。ネイション論が、そしてそのネガとしてのディアスポラ論が、民族と階級と性、この三要素と複雑に絡んでいるということは、ディアスポラがあらゆる人間にとっての生存の課題であることを示している。ディアスポラになることは希望ではないが、しかしディアスポラを思考すること、ディアスポラを論じること、ここにかろうじて希望があるのではないだろうか。ディアスポラ論は、実際に越境した人やその子孫にだけ関わるわけではない。境界線（国境）は、ネイションと自己を一体化させてきたマジョリティに対しても、その一体性を強化するように作用しているからだ。それゆえディアスポラ論は、その境界線のもつ権力や理不尽さをマジョリティに気づかせ、ネイションの一体性を揺るがす視点を与えうる（とりわけ、その特権を最大限に享受してきた男性上流階層のマジョリティに対して）。そしてマジョリティの自明性やマジョリティがディアスポラに対して無根拠にもつ優越性をゆさぶり、マジョリティとディアスポラとのしばしば権力的で固定的な関係を組み替えうる。その可能性を開くという点で希望があるのだ。

*

繰り返すが、二〇一九年四月には、「特定技能」による「外国人材」という名目で制限を設けつつも外国人労働者の受け入れへ向けて大きな変化があった。日本政府はなおも「移民労働解禁ではない」と言い募ってはいるが、世界規模での生身の人間の移動を、小手先の言葉でコントロールすることは不可能であり、多民族・多文化に向けた変化は不可避だろう。その方向への社会変動はすでに一九九〇年前後から始まっていたわけだが、その流れは望むと望まざるとにかかわらずこの三〇年間続いてきた。間違いなくこの先も続いてくだろう。

おそらくそうした変化に対する反動的な側面もあるだろうが、二〇一九年には注目すべき大きな出来事がいくつかあった。どれも否定的な動きであり、今の日本社会の反動を象徴している。それは序章でも触れたことだが、朝鮮半島の植民地支配期の元徴用工や元「慰安婦」をめぐる賠償問題をめぐって、日本政府が韓国政府に対して経済報復措置をとったことで両国の安全保障体制にまで緊張が走ったことと、愛知県で開催された美術展に対して多くの政治家や市民が猛烈な抗議・攻撃をして一時的にではあるが展示中止に追い込んだことだ。この展覧会には韓国人アーティストによる「平和の少女像」（直接的に「慰安婦」と明示されているわけではない）が展示されていた。新聞・テレビでは韓国の反日ナショナリズムと日本の嫌韓ナショナリズムの衝突のように扱うが、これは短期スパンで見れば、第3章で見たように、ポスト冷戦かつグローバリゼーションの時代の一九九〇年代に浮上した植民地支配と戦争をめぐる歴史認識論争から表面化して継続してきた問題である。もちろん長期スパンで見れば、実際に日本が朝鮮の植民地支配を始めた一〇〇年以上前からの問題だということになる。

つまるところ、第1章でも見たように、私たちが明治維新以来の日本を、狭く「ナショナルな歴史」つまり「国民の物語」でしか捉えていないことに根本的な原因がある。それを打開するには、対抗的にディアスポラの観点からの越境的な世界史を描き直し共有することが必要である。本書も当然そのための試みの一つだ。しかし現実にはそうした歴史観の共有は容易ではない。それどころか、そのような道筋はおろか方向性さえ見いだせないほど今の日本社会は偏狭さと反動性をもっており、今後も排外主義的ナショナリズムの風潮は続いていくであろうし、それどころかいっそう強まっていくものと思う。

だが、そうした攻撃的ナショナリズムに勝算があるわけでも未来があるわけでもない。移住労働者や難民の存在はどんなに目を背けたところで消えるわけではないし、彼らは現実の日本社会を変えていく、すでに私たちの社会の一部なのである。日本が歴史的責任を有する南北朝鮮の分断状況も、日本が阻害要因となろうとも、和平に向けて動きつつある。朝鮮半島を含む東アジアが変わろうとするときに、排外主義者は取り残されるだけだろう。

さらに「平和の少女像」に対する日本社会の攻撃性については、元日本軍「慰安婦」問題に対して最終的に私たちがどのように向き合うのかということに帰着する。日本の軍隊・男性兵士が、国内や植民地の貧困層である女性たちを戦場で性的に利用した暴力装置としての「慰安婦」制度というのは、まさに民族・階級・性の三要素すべてに密接に関わる複合的な差別によって成立している。したがってそれは、過去の戦争責任の問題にはとどまらない。「慰安婦」制度というのは、戦時下の突発的な暴力ではなく、平時から社会に浸透している民族・階級・性の権力的支配を背景にして初めて組織的に可能になるのである。問われているのは、戦時に限定されない、平時の、つまり日常の構造的な差別なのだ。ここに切り込むことができるのかどうかが、ディアスポラ論にとって重大な試金石となるだろう。

第3章でも振り返ったが、私自身、大学一年生のときに元「慰安婦」、宮城県在住の在日朝鮮人、宋神道《ソンシンド》さんという生身の人間と出会った経験が大きな意味を持っている。私自身のディアスポラ論への関心の始まりも、究極的にはここにある。なかでも思い出深いのは、日本政府を訴えた裁判の公判のあったある日、宮城県の支援者とともに、東京からいっしょに車で帰ったときのことだ。普段は東京地裁・高裁での公判の後、東京に集まった支援者たちを前にして審理の進行について報告集会を開いていた。しかしある日、政府側弁護人の主張や裁判官の整理に激しい憤りと落胆を覚えた宋さんが、報告集会に出て話すことも嫌になり即座に宮城に帰ると言い出した。宮城に戻る乗用車の中で、私は後部座席で宋さんと二人で並んで座ることとなった。サービスエリアで休憩をとって飲み物やお菓子を買っては車中で飲食をし、たわいもないおしゃべりをしながらの、四〜五時間もの道のりであった。それまでも、講演会や交流会でお見かけすることやお話しすることはあったが、ややかしこまった状況で時間も限られていた。ところがこの日は、狭い車内で長時間、食べ物のことや最近の出来事のことや体の調子のことなど、思いついたことをおしゃべりした。さしたる中身はない。すぐ隣に座った宋さんが私の耳元で話す東北弁は、私の祖母の語る言葉と同じだった。在日朝鮮人である彼女が私と同郷の田舎言葉を話していた。自分のことを「オレ」と呼ぶことも含めて、祖母の語りにそっくりだった。そのことはしかし、彼女が本来の民族文化を根こそぎ奪われたということを意味していた。東北地方は、私にとっては故郷だが、宋さんにとっては「異郷」であった。耳に響く宋さんの東北弁が、染み入ってくると同時に、彼女の抱える「異郷」の思いを私に強く意識させた。

ご存命中に法的な正義が果たされることはなく、国家責任を認めさせることもできなかったけれども、彼女のカミングアウトは日本社会に対して、そして私に対しても、絶大な衝撃を与えた。元「慰安婦」の宋さんというディアスポラの身体は、私の「日本人・男性」という自明のあり方を根底から揺さぶった。

これは、朝鮮人の問題、女性の問題、ではない。しばしば何かしらの「問題」があることを示す際に、「朝鮮人問題」とか「女性問題」といった表現がなされる（「パレスチナ問題」しかり、「ユダヤ人問題」しかり）。これは端的に言って間違いだ。朝鮮人が、女性が、問題なのではない。問題なのは、権力と暴力を行使した側の日本人であり、男性である。問わなければならないのは、権力＝暴力を媒介にした民族的・性的な関係性なのだ。そのことを、私は宋さんとの関わりで気づかされた。その権力的かつ暴力的な存在様式を反省的に捉え直すためにも、ディアスポラとジェンダーという観点は必須である。攻撃性と暴力性をいっそう募らせてきている日本社会にあって、ディアスポラとジェンダーが決定的に重要な問題提起となっていることは明らかである。

あとがき

冷戦の終焉（一九八九年）から三〇年が過ぎた。率直に言って、この三〇年間の日本は、ポスト冷戦期に浮上してきたポストコロニアルな諸問題に、認識的にも倫理的にも向き合い損ねてきたという意味で、失敗あるいは否認の連続であったと思う。失敗の積み重ねももはや限界に来ているのではないか。そのように思わずにはいられないほど、昨今の日本社会で起きている出来事の醜悪さは際立っている。

事態はさらに悪化していくのか、いかにして好転しうるのか。未来の予想などはとてもできはしないが、可能性を、そして希望を語りうるとしたら、悪化が底を打ったその「最悪」の先、徹底した「絶望」をふまえたその先があるということなのかもしれない。日本という国家の一五〇年の歴史を、世界史的な視点から、ディアスポラ論的な観点から見直すと、その支離滅裂ぶりは行き着くところまで来てしまっているように感じられる。国家に希望をいだくことはできない。日本社会はそのことを、逆説的にも教えてくれているかのようだ。ディアスポラが希望になりうるのは、皮肉にもその意味においてである。

＊

絶望と希望とは別様にも反転しうる。移民や難民の受け入れに反対する人びとは、移民・難民の増加をすべてネガティブに捉えがちだ。曰く、外国人犯罪が増えて、治安が悪化する。外国人に職を奪われ、日本人の失業率が上がる。よそ者のくせに、福祉サービスだけ食い物にする。日本文化の純粋さが失われ、文化摩擦が生じる。こういった具合だ。こういう思い込みをする人びとからすると、移民・難民の増加は日本社会をただひたすら破壊するものに映る。その行き着く先は絶望だとでも言うかのように。

だが、それらはすべて端的に事実に反する。在日外国人数・来日外国人数が毎年過去最高を更新する中で、警察白書によると外国籍者による刑法犯検挙人数は二〇一〇年代をとおしてまったくの横ばいである。少子高齢化による日本の労働人口減少で現場は人手不足となり、景気が後退しているのに失業率は低水準にある。それゆえ日本経済は外国人労働力に依存しているのだが、彼らも所得税に住民税に消費税と、通常の納税をしている。しかるべき行政サービスを受けたとしても福祉のタダ乗りという批判は当たらない。そして日本文化の純粋性を言う人は、その出自をきちんと見つめ直したらよい。私たちの日常語を構成する漢字もカタカナ語も、クラシックからポップスにいたる洋楽も朝鮮歌謡との融合である演歌も、中華料理をアレンジしたラーメン食もインド料理をアレンジしたカレー食も拒否するのだろうか。純粋さを想定すること自体が幻想だし、文化摩擦などあって当然、摩擦を起こしながら文化が変容していくのは普遍的に見られる現象にすぎない。

国粋的な思い込みは、少し調べて考えれば簡単に分かる事実を並べて反駁するだけでは払拭できないだろうが、排外主義者が社会に向けて純粋幻想と外国人差別を叫び続けるのであれば、やはりそれは事実において間違いだと何度も指摘しなければならない。そしてこうつけ加えよう。何も絶望することはない、と。むしろ真の絶望は、国粋主義＝排外主義を思想の次元だけでなく政治的に実現したときに訪れるだろう。それは歴史の否定であり、文化の否定であり、つまりは自己否定だからだ。

＊

本書は、春秋社のウェブマガジンであるｗｅｂ春秋「はるとあき」に二〇一七年一二月から二〇一九年六月にかけて隔月で連載したものに、加筆修正をおこなったものである。最初の単行本の企画提案を編集部の篠田里香さんからいただいたときから、何度かミーティングとＥメールのやり取りを重ねながら全体像をいっしょに構想し、章立てを考えていった。この形で一冊となったのは、二人の共同作業の結果である。

拙著『国ってなんだろう？』（中学生の質問箱シリーズ、平凡社、二〇一六年）を読まれた篠田さんが、とりわけその第6章「どうして今『ディアスポラ』なの？」から着想を得て、「国家」

や「国民」の来歴と未来についてディアスポラ研究の観点から論じてほしいと提案してくれた。それ以前に専門的な学術書として刊行した拙著『ユダヤとイスラエルのあいだ』（青土社、二〇〇八年）と中高生読者を想定した語り下ろしの『国ってなんだろう？』の中間的な位置づけの一般書という形態で書いてほしいという要望をいただいた。また、私の元「慰安婦」裁判への関わり、イスラエル／パレスチナでの滞在経験や、東日本大震災の被災・避難経験など、個人的で具体的なエピソードも交えてほしいとのことであった。抽象論に走らず、より身近にかつ具体的に読者に感じ考えてもらいたいという意図からであった。

地理的には日本も含む東アジア、欧米と中東、そして時代的には古代から現在までという広範囲に関わる考察と論述は苦労の連続であり、はたしてどれほど篠田さんのご提案に沿うことができたか心もとないが、私としてはおよそ二年にわたる連載期間のあいだ、絶えずディアスポラ論から世界（史）を見つめる重要な課題に取り組むことができた。篠田さんには貴重で濃密な機会を与えていただいたと思っている。また連載中もつねにスケジュール管理、次の原稿の方向性の確認、提出原稿の厳密なチェックと校正作業をしていただいた。原稿を書けない、書かない言い訳をいくらでも見いだすことができる性格と状況にあって、着実に執筆を進めて一冊に仕上げることができたのは、ひとえに篠田さんのおかげである。企画から執筆までの経緯を記して感謝したい。

参考文献

序章

赤尾光春、早尾貴紀（編）『ディアスポラの力を結集する――ギルロイ・ボヤーリン兄弟・スピヴァク』（松籟社、二〇一二年）
テーオドル・W・アドルノ『ミニマ・モラリア』（三光長治訳、法政大学出版局、一九七九年）
出井康博『ルポ ニッポン絶望工場』（講談社＋α新書、二〇一六年）
伊豫谷登士翁『グローバリゼーションとは何か』（平凡社新書、二〇〇二年）
臼杵陽（監修）、赤尾光春、早尾貴紀（編著）『ディアスポラから世界を読む――離散を架橋するために』（明石書店、二〇〇九年）
臼杵陽（監修）、赤尾光春、早尾貴紀（編）『シオニズムの解剖――現代ユダヤ世界におけるディアスポラとイスラエルの相克』（人文書院、二〇一一年）
遠藤義雄『アフガン25年戦争』（平凡社新書、二〇〇二年）
駒井洋（監修）『叢書グローバル・ディアスポラ（全六巻）』（明石書店、二〇〇九―一一年）
駒井洋（監修）『移民・ディアスポラ研究（1～8）』（明石書店、二〇一一―一九年）
エドワード・サイード『故国喪失についての省察（1・2）』（大橋洋一ほか〈訳〉、みすず書房、二〇〇六、二〇〇九年）
坂口裕彦『ルポ 難民追跡――バルカンルートを行く』（岩波新書、二〇一六年）
柴宜弘『ユーゴスラヴィア現代史』（岩波新書、一九九六年）
下川裕治『「生きづらい日本人」を捨てる』（光文社新書、二〇一一年）
徐京植『ディアスポラ紀行――追放された者のまなざし』（岩波新書、二〇〇五年）
高橋幸春『日系人の歴史を知ろう』（岩波ジュニア新書、二〇〇八年）

田中研之輔『ルポ　不法移民——アメリカ国境を越えた男たち』（岩波新書、二〇一七年）
内藤正典『イスラム戦争——中東崩壊と欧米の敗北』（集英社新書、二〇一五年）
根本かおる『難民鎖国ニッポンのゆくえ——日本で生きる難民と支える人々の姿を追って』（ポプラ新書、二〇一七年）
ハミッド・ダバシ『ポスト・オリエンタリズム——テロの時代における知と権力』（早尾貴紀、洪貴義、本山謙二〈訳〉、作品社、二〇一八年）
早尾貴紀『ユダヤとイスラエルのあいだ——民族／国民のアポリア』（青土社、二〇〇八年）
早尾貴紀『国ってなんだろう？』（平凡社、二〇一六年）
ジョナサン・ボヤーリン、ダニエル・ボヤーリン『ディアスポラの力——ユダヤ文化の今日性をめぐる試論』（赤尾光春、早尾貴紀〈訳〉、平凡社、二〇〇八年）
武者小路公秀（監修）、浜邦彦、早尾貴紀（編）『ディアスポラと社会変容——アジア系・アフリカ系移住者と多文化共生の課題』（国際書院、二〇〇八年）
安武塔馬『シリア内戦』（あっぷる出版社、二〇一八年）

第1章

石光真人『ある明治人の記録——会津人柴五郎の遺書』（中公新書、一九七一年）
出井康博『ルポ　ニッポン絶望工場』（講談社＋α新書、二〇一六年）
鎌田慧『自動車絶望工場』（徳間書店、一九七三年）
鎌田慧『アジア絶望工場』（現代史出版会、一九八四年）
坂中英徳『日本型移民国家の創造』（東信堂、二〇一六年）
宗田勝也『誰もが難民になりうる時代に——福島とつながる京都発コミュニティラジオの問いかけ』（現代企画室、二〇一三年）

西日本新聞社『新 移民時代――外国人労働者と共に生きる社会へ』（明石書店、二〇一七年）
根本かおる『難民鎖国ニッポンのゆくえ』（ポプラ新書、二〇一七年）
森田健司『明治維新という幻想――暴虐の限りを尽くした新政府軍の実像』（洋泉社歴史新書y、二〇一六年）
梁英聖『日本型ヘイトスピーチとは何か――社会を破壊するレイシズムの登場』（影書房、二〇一六年）
上野千鶴子「この国のかたち」（『中日新聞』二〇一七年二月一一日）
厚生労働省「『外国人雇用状況』の届出状況まとめ（平成三〇年一〇月末現在）」（二〇一九年一月二五日発表）
法務省「平成30年末現在における在留外国人数について」（二〇一九年三月二二日発表）
法務省「平成30年における難民認定者数等について」（二〇一九年三月二七日発表）
岐阜県美術館「ディアスポラ・ナウ！――故郷《ワタン》をめぐる現代美術」パンフレット（二〇一七年一一月一〇日―二〇一八年一月八日開催）
ＵＮＨＣＲ（国連難民高等弁務官事務所）、*Global Trends: Forced Displacement in 2016*

第2章

上野英信『出ニッポン記』（潮出版、一九七七年／現代教養文庫、一九九五年）
片岡恭子『棄国子女――転がる石という生き方』（春秋社、二〇一三年）
塩出浩之『越境者の政治史――アジア太平洋における日本人の移民と植民』（名古屋大学出版会、二〇一五年）
下川裕治『日本を降りる若者たち』（講談社現代新書、二〇〇七年）
瀬川正仁『老いて男はアジアをめざす――熟年日本男性のタイ・カンボジア移住事情』（バジリコ、二〇〇八年）
新田次郎『密航船水安丸』（講談社、一九七九年／講談社文庫、一九八二年）
野添憲治『塩っぱい河をわたる――ある開拓農民の記録』（福音館日曜文庫、一九九四年／社会評論社、二〇〇六年）
二松啓紀『移民たちの「満州」――満蒙開拓団の虚と実』（平凡社新書、二〇一五年）

増田幸弘『棄国ノススメ』（新評論、二〇一五年）
水谷竹秀『日本を捨てた男たち――フィリピンに生きる「困窮邦人」』（集英社、二〇一一年）
安岡健一『「他者」たちの農業史――在日朝鮮人・疎開者・開拓農民・海外移民』（京都大学学術出版会、二〇一四年）

第3章

ビル・アッシュクロフト、ガレス・グリフィス、ヘレン・ティフィン『ポストコロニアルの文学』（木村茂雄〈訳〉、青土社、一九九八年）
ビル・アッシュクロフト、ガレス・グリフィス、ヘレン・ティフィン『ポストコロニアル事典』（木村公一〈編訳〉、南雲堂、二〇〇八年）
姜尚中（編）『思想読本 ポストコロニアリズム』（作品社、二〇〇一年）
菊地夏野『ポストコロニアリズムとジェンダー』（青弓社、二〇一〇年）
小森陽一『ポストコロニアル』（岩波書店、二〇〇一年）
エドワード・W・サイード『オリエンタリズム』（今沢紀子〈訳〉、平凡社、一九八六年）
ガヤトリ・スピヴァック『ポスト植民地主義の思想』（清水和子、崎谷若菜〈訳〉、彩流社、一九九二年）
G・C・スピヴァク『ポストコロニアル理性批判――消え去りゆく現在の歴史のために』（上村忠男、本橋哲也〈訳〉、月曜社、二〇〇三年）
徐京植『植民地主義の暴力――「ことばの檻」から』（高文研、二〇一〇年）
ハミッド・ダバシ『ポスト・オリエンタリズム――テロの時代における知と権力』（早尾貴紀、洪貴義、本山謙二〈訳〉、作品社、二〇一八年）
常田夕美子『ポストコロニアルを生きる――現代インド女性の行為主体性』（世界思想社、二〇一一年）
中井亜佐子『他者の自伝――ポストコロニアル文学を読む』（研究社、二〇〇七年）

西川長夫『〈新〉植民地主義論――グローバル化時代の植民地主義を問う』（平凡社、二〇〇六年）
野村浩也（編）『植民者へ――ポストコロニアリズムという挑発』（松籟社、二〇〇七年）
ホミ・K・バーバ『文化の場所――ポストコロニアリズムの位相』（本橋哲也、正木恒夫、外岡尚美、阪元留美〈訳〉、法政大学出版局、二〇〇五年）
東アジア文史哲ネットワーク（編）『〈小林よしのり『台湾論』〉を超えて――台湾への新しい視座』（作品社、二〇〇一年）
フランツ・ファノン『フランツ・ファノン集――黒い皮膚・白い仮面／地に呪われたる者』（海老坂武、加藤晴久〈訳〉、みすず書房、一九六八年）
複数文化研究会（編）『〈複数文化〉のために――ポストコロニアリズムとクレオール性の現在』（人文書院、一九九八年）
丸川哲史『台湾、ポストコロニアルの身体』（青土社、二〇〇〇年）
トリン・T・ミンハ『女性・ネイティヴ・他者――ポストコロニアリズムとフェミニズム』（竹村和子〈訳〉、岩波書店、一九九五年）
本橋哲也『ポストコロニアリズム』（岩波新書、二〇〇五年）
森宣雄『台湾／日本 連鎖するコロニアリズム』（インパクト出版会、二〇〇一年）
ロバート・J・C・ヤング『ポストコロニアリズム』（本橋哲也〈訳〉、岩波書店、二〇〇五年）
吉岡政徳『反・ポストコロニアル人類学――ポストコロニアルを生きるメラネシア』（風響社、二〇〇五年）
アーニャ・ルーンバ『ポストコロニアル理論入門』（吉原ゆかり〈訳〉、松柏社、二〇〇一年）
『解放社会学研究』14号　特集：ポストコロニアルとの対話（日本解放社会学会、二〇〇〇年）
『現代思想』一九九五年三月号　特集：サイード――オリエンタリズム以降（青土社）
『現代思想』一九九六年三月号　特集：カルチュラル・スタディーズ

『現代思想』一九九七年一月号　特集：クレオール
『現代思想』一九九七年一〇月号　特集：ブラック・カルチャー
『現代思想』一九九八年三月臨時増刊号　総特集：スチュアート・ホール
『現代思想』一九九八年六月号　特集：文化節合のポリティクス
『現代思想』一九九九年七月号　特集：スピヴァク
『思想』一九九九年三月号　特集：ポストコロニアリズムと文学（岩波書店）
『社会文学』13号　特集：ポストコロニアリズムへの視点（不二出版、一九九九年）
『情況』二〇〇二年六月号　特集：ポストコロニアリズム（情況出版）
『情況』二〇〇二年一一月号　特集：コロニアリズム・ポストコロニアリズム
『批評空間』第二期　11号　特集：ポストコロニアルの思想とは何か（太田出版、一九九六年）
『文学年報2』特集：ポストコロニアルの地平（世織書房、二〇〇五年）
『文藝　別冊　越境する世界文学』（河出書房新社、一九九二年）
姜尚中×早尾貴紀×洪貴義「野獣の膨れた腹の中にサイードを解き放つ――批判的知性の再構築がどうできるのか」（『図書新聞』二〇一八年四月二一日）

第4章

浅井春夫、湯澤直美、松本伊智朗（編）『子どもの貧困』（明石書店、二〇〇八年）
麻生太郎『とてつもない日本』（新潮新書、二〇〇七年）
阿部彩『子どもの貧困――日本の不公平を考える』（岩波新書、二〇〇八年）
安倍晋三『美しい国へ』（文春新書、二〇〇六年）
安倍晋三『新しい国へ――美しい国へ　完全版』（文春新書、二〇一三年）

天野博之『満鉄特急「あじあ」の誕生――開発前夜から終焉までの全貌』（原書房、二〇一二年）
安藤百福『魔法のラーメン発明物語――私の履歴書』（日本経済新聞社、二〇〇二年）
出井康博『ルポ ニッポン絶望工場』（講談社＋α新書、二〇一六年）
ＮＨＫ取材班『外国人労働者をどう受け入れるか――「安い労働力」から「戦力」へ』（ＮＨＫ出版新書、二〇一七年）
川村千鶴子、近藤敦、中本博皓（編）『移民政策へのアプローチ――ライフサイクルと多文化共生』（明石書店、二〇〇九年）
串間努、久須美雅士『ザ・飲みモノ大百科』（扶桑社、一九九八年）
神英雄『三浦義武――缶コーヒー誕生物語』（松籟社、二〇一七年）
芹澤健介『コンビニ外国人』（新潮新書、二〇一八年）
堤一郎『近代化の旗手、鉄道』（山川出版社、日本史リブレット、二〇〇一年）
西日本新聞社『新 移民時代――外国人労働者と共に生きる社会へ』（明石書店、二〇一七年）
武者小路公秀（監修）、浜邦彦、早尾貴紀（編）『ディアスポラと社会変容――アジア系・アフリカ系移住者と多文化共生の課題』（国際書院、二〇〇八年）
山野良一『子どもの最貧国・日本』（光文社新書、二〇〇八年）
『現代思想』二〇〇七年六月号 特集：隣の外国人――異郷に生きる
内閣府「子供の貧困対策に関する大綱について」（二〇一四年八月二九日閣議決定）

第5章

上野格、森ありさ、勝田俊輔（編）『アイルランド史（世界歴史大系）』（山川出版社、二〇一八年）
貴堂嘉之『移民国家アメリカの歴史』（岩波新書、二〇一八年）
ポール・ギルロイ『ユニオンジャックに黒はない――人種と国民をめぐる文化政治』（田中東子、山本敦久、井上弘貴

〈訳〉、月曜社、二〇一七年）
マニュエル・G・ゴンザレス『メキシコ系米国人・移民の歴史』（中川正紀〈訳〉、明石書店、二〇〇三年）
田中研之輔『ルポ 不法移民――アメリカ国境を越えた男たち』（岩波新書、二〇一七年）
田原徳容『ルポ 不法移民とトランプの闘い――1100万人が潜む見えないアメリカ』（光文社新書、二〇一八年）
内藤正典『ヨーロッパとイスラーム――共生は可能か』（岩波新書、二〇〇四年）
野中恵子『新版 ドイツの中のトルコ――移民社会の証言』（柘植書房新社、二〇〇七年）
ジェラール・ノワリエル『フランスという坩堝――一九世紀から二〇世紀の移民史』（大中一彌、川崎亜紀子、太田悠介〈訳〉、法政大学出版局、二〇一五年）
パニコス・パナイー『近現代イギリス移民の歴史――寛容と排除に揺れた二〇〇年の歩み』（浜井祐三子、溝上宏美〈訳〉、人文書院、二〇一六年）
古矢旬『アメリカニズム――「普遍国家」のナショナリズム』（東京大学出版会、二〇〇二年）
ケネス・J・ヘイガン、イアン・J・ビッカートン『アメリカと戦争1775－2007――「意図せざる結果」の歴史』（高田馨里〈訳〉、大月書店、二〇一〇年）
増田ユリヤ『揺れる移民大国フランス――難民政策と欧州の未来』（ポプラ新書、二〇一六年）
武者小路公秀（監修）、浜邦彦、早尾貴紀（編）『ディアスポラと社会変容――アジア系・アフリカ系移住者と多文化共生の課題』（国際書院、二〇〇八年）

第6章

余部福三『アラブとしてのスペイン――アンダルシアの古都めぐり』（第三書館、一九九二年）
余部福三『西洋の中核としての中東（上・下）』（第三書館、二〇一一年）
ムスタファ・シェリフ『イスラームと西洋――ジャック・デリダとの出会い、対話』（小幡谷友二〈訳〉、駿河台出版社、

二〇〇七年）
ハミッド・ダバシ『ポスト・オリエンタリズム――テロの時代における知と権力』（早尾貴紀、洪貴義、本山謙二〈訳〉、作品社、二〇一八年）
ジャック・デリダ『他の岬――ヨーロッパと民主主義』（高橋哲哉、鵜飼哲〈訳〉、みすず書房、一九九三年）
内藤正典『限界の現代史――イスラームが破壊する欺瞞の世界秩序』（集英社新書、二〇一八年）
中田考『帝国の復興と啓蒙の未来』（太田出版、二〇一七年）
浜名優美『ブローデル「地中海」入門』（藤原書店、二〇〇〇年）
サミュエル・ハンチントン『文明の衝突』（鈴木主税〈訳〉、集英社、一九九八年）
フランシス・フクヤマ『歴史の終わり（上・下）』（渡部昇一〈訳〉、三笠書房、一九九二年）
フェルナン・ブローデル『地中海（全5巻）』（浜名優美〈訳〉、藤原書店、一九九一―九五年）
ヘーゲル『歴史哲学講義（上・下）』（長谷川宏〈訳〉、岩波文庫、一九九四年）
ジョナサン・ボヤーリン、ダニエル・ボヤーリン『ディアスポラの力――ユダヤ文化の今日性をめぐる試論』（赤尾光春、早尾貴紀〈訳〉、平凡社、二〇〇八年）
宮田律『オリエント世界はなぜ崩壊したか――異形化する「イスラム」と忘れられた「共存」の叡智』（新潮選書、二〇一六年）
スコット・L・モンゴメリ『翻訳のダイナミズム――時代と文化を貫く知の運動』（大久保友博〈訳〉、白水社、二〇一六年）

第7章

臼杵陽『世界史の中のパレスチナ問題』（講談社現代新書、二〇一三年）
勝又郁子『クルド・国なき民族のいま』（新評論、二〇〇一年）

クルド人難民二家族を支援する会『難民を追いつめる国――クルド難民座り込みが訴えたもの』（緑風出版、二〇〇五年）
徐京植『「民族」を読む――20世紀のアポリア』（日本エディタースクール出版部、一九九四年）
鵜沢哲雄『日本で生きるクルド人』（ぶなのもり、二〇一九年）
中川喜与志『クルド人とクルディスタン――拒絶される民族』（南方新社、二〇〇一年）
錦田愛子『ディアスポラのパレスチナ人――「故郷《ワタン》」とナショナル・アイデンティティ』（有信堂、二〇一〇年）
イラン・パペ『パレスチナの民族浄化――イスラエル建国の暴力』（田浪亜央江、早尾貴紀〈訳〉、法政大学出版局、二〇一七年）
福島利之『クルド人 国なき民族の年代記――老作家と息子が生きた時代』（岩波書店、二〇一七年）
藤田進『蘇るパレスチナ――語りはじめた難民たちの証言』（東京大学出版会、一九八九年）
イスマイル・ベシクチ『クルディスタン＝多国間植民地』（中川喜与志、高田郁子〈編訳〉、柘植書房、一九九四年）
山口昭彦（編著）『クルド人を知るための55章』（明石書店、二〇一九年）

第8章

臼杵陽『見えざるユダヤ人――イスラエルの〈東洋〉』（平凡社、一九九八年）
臼杵陽『世界史の中のパレスチナ問題』（講談社現代新書、二〇一三年）
大岩川和正『現代イスラエルの社会経済構造――パレスチナにおけるユダヤ人入植村の研究』（東京大学出版会、一九八三年）
ガッサーン・カナファーニー『ハイファに戻って／太陽の男たち』（黒田寿郎、奴田原睦明〈訳〉、河出文庫、二〇一七年）
イラン・パペ『パレスチナの民族浄化――イスラエル建国の暴力』（田浪亜央江、早尾貴紀〈訳〉、法政大学出版局、二

〇一七年）
早尾貴紀『ユダヤとイスラエルのあいだ――民族／国民のアポリア』（青土社、二〇〇八年）
森まり子『社会主義シオニズムとアラブ問題――ベングリオンの軌跡１９０５～１９３９』（岩波アカデミック叢書、二〇〇二年）
サラ・ロイ『ホロコーストからガザへ――パレスチナの政治経済学』（岡真理、小田切拓、早尾貴紀〈編訳〉、青土社、二〇〇九年）

終章

岡本有佳、金富子（編）『〈平和の少女像〉はなぜ座り続けるのか』（世織書房、二〇一六年）
スキ・キム『通訳／インタープリター』（國重純二〈訳〉、集英社、二〇〇七年）
ポール・ギルロイ『ブラック・アトランティック――近代性と二重意識』（上野俊哉、毛利嘉孝、鈴木慎一郎〈訳〉、月曜社、二〇〇六年）
駒井洋（監修）、是川夕（編著）『人口問題と移民――日本の人口・階層構造はどう変わるのか』（明石書店、二〇一九年）
巣内尚子『奴隷労働――ベトナム人技能実習生の実態』（花伝社、二〇一九年）
G・C・スピヴァク『ポストコロニアル理性批判――消え去りゆく現在の歴史のために』（上村忠男、本橋哲也〈訳〉、月曜社、二〇〇三年）
髙谷幸（編著）『移民政策とは何か――日本の現実から考える』（人文書院、二〇一九年）
竹村和子「ディアスポラとフェミニズム――ディアスポラ問題、女性問題、クィア問題、ユダヤ問題」（赤尾光春、早尾貴紀〈編〉『ディアスポラの力を結集する――ギルロイ・ボヤーリン兄弟・スピヴァク』（松籟社、二〇一二年）
出井康博『移民クライシス――偽装留学生、奴隷労働の最前線』（角川新書、二〇一九年）

トリン・T・ミンハ『女性・ネイティヴ・他者――ポストコロニアリズムとフェミニズム』(竹村和子〈訳〉、岩波書店、一九九五年)
内藤正典『外国人労働者・移民・難民ってだれのこと？』(集英社、二〇一九年)
永井隆『移民解禁――受け入れ成功企業に学ぶ外国人材活用の鉄則』(毎日新聞出版、二〇一九年)
ジュディス・バトラー、ガヤトリ・スピヴァク『国家を歌うのは誰か？――グローバル・ステイトにおける言語・政治・帰属』(竹村和子〈訳〉、岩波書店、二〇〇八年)
早尾貴紀『ユダヤとイスラエルのあいだ――民族／国民のアポリア』(青土社、二〇〇八年)
ジョナサン・ボヤーリン、ダニエル・ボヤーリン『ディアスポラの力――ユダヤ文化の今日性をめぐる試論』(赤尾光春、早尾貴紀〈訳〉、平凡社、二〇〇八年)
水井万里子ほか(編)『女性から描く世界史――17〜20世紀への新しいアプローチ』(勉誠出版、二〇一六年)
望月優大『ふたつの日本――「移民国家」の建前と現実』(講談社現代新書、二〇一九年)
C・T・モーハンティー『境界なきフェミニズム』(堀田碧〈監訳〉、法政大学出版局、二〇一二年)
吉澤文寿(編著)『五〇年目のつながり直し――日韓請求権協定から考える』(社会評論社、二〇一七年)
早尾貴紀「『従軍慰安婦』問題における暴力のエコノミー」(『現代思想』一九九九年六月号)
『ニューズウィーク日本版』二〇一八年一二月一一日号　特集：移民の歌(CCCメディアハウス)
『週刊東洋経済』二〇一九年一月一二日号　特集：〝移民〟解禁(東洋経済新報社)
『(別冊)環』24号(二〇一九年四月)　特集：開かれた移民社会へ(藤原書店)
『現代思想』二〇一九年四月号　特集：新移民時代(青土社)
『Journalism』二〇一九年五月号　特集：移民社会へ(朝日新聞出版)
『POSSE』41号(二〇一九年三月)　特集：移民が開く新しい時代(堀之内出版)

著者紹介

早尾貴紀（はやお・たかのり）
1973年生まれ。東京経済大学准教授。専攻は社会思想史。主な著書に『ユダヤとイスラエルのあいだ――民族／国民のアポリア』（青土社）、『国ってなんだろう？』（平凡社）、『パレスチナ／イスラエル論』（有志舎）。共編書に『シオニズムの解剖』（人文書院）、『ディアスポラから世界を読む』（明石書店）がある。共訳書に、ジョナサン・ボヤーリン／ダニエル・ボヤーリン『ディアスポラの力』（平凡社）、サラ・ロイ『ホロコーストからガザへ』（青土社）、イラン・パペ『パレスチナの民族浄化』（法政大学出版局）、ハミッド・ダバシ『ポスト・オリエンタリズム』（作品社）、エラ・ショハット／ロバート・スタム『支配と抵抗の映像文化』（法政大学出版局）などがある。

希望のディアスポラ――移民・難民をめぐる政治史

2020年１月20日　初版第１刷発行

著者©＝早尾貴紀
発行者＝神田　明
発行所＝株式会社　春秋社
〒101-0021　東京都千代田区外神田 2-18-6
電話（03)3255-9611（営業）・(03)3255-9614（編集）
振替　00180-6-24861
http://www.shunjusha.co.jp/
印刷所＝株式会社　太平印刷社
製本所＝ナショナル製本協同組合
装　丁＝西垂水　敦・市川さつき（krran）

Printed in Japan, Shunjusha
ISBN 978-4-393-33377-8　C0031
定価はカバー等に表示してあります
JASRAC 出 1911852-901